LIEBE LESERINNEN UND LIEBE LESER DER JAHRESAUSGABE LAND & MEER 2024!

Tatsächlich ist das Urlaubsgebiet von Nord- und Ostseeküste zwischen Usedom im Osten und den Ostfriesischen Inseln im Westen das größte Urlaubsgebiet Europas! Und warum reisen in die fünf Nord-Bundesländer die meisten Feriengäste? Weil Meer, Brandung und Strand etwas ganz Ursprüngliches sind. Natur, wie alle Menschen sie lieben!

Darum unterstützt LAND & MEER auch den Umweltschutz und den Erhalt von naturnahen Gebieten. In dieser Ausgabe porträtieren wir den Fotografen Tobias Pelz, der beruflich als Umweltbiologe arbeitet und die Natur so sehr liebt, dass er es zu seinem Hobby machte, diese wunderschön abzubilden, damit andere Menschen dies auch spüren und sich für ihren Erhalt einsetzen. Seine fantastischen Fotografien der Tierwelt des Nordens zeigen wir ab Seite 72.

Die Natur zu schützen bedeutet aber nicht, dass sich dort Menschen nicht (mehr) aufhalten dürfen. Ganz im Gegenteil! Der Mensch ist ein Teil unserer Kulturlandschaft und hat sie geprägt, seit er sich in ihr aufhält, nämlich seit Ende der letzten Eiszeit vor rund 8.000 Jahren. Für den bestmöglichen Schutz, aber gegen Betretungsverbote setzen sich Bürgerinnen und Bürger ebenso wie Urlaubsgäste ein und protestieren gegen entsprechende Pläne des schleswig-holsteinischen Umweltministers (lesen Sie dazu Aktuelles ab Seite 16).

Also, lassen Sie uns in der Natur mit der Natur leben – und diese er-leben!

Eine schöne Urlaubszeit bei uns im Norden und an Nord- und Ostseeküste wünscht Ihnen Ihre

Undine Schaper
Verlegerin LAND & MEER-Verlagsgesellschaft, Hamburg

Fotos: S.Vogler, T.Pelz

Aktuelle News aus ganz Norddeutschland liefert Ihnen täglich *www.landundmeer.de*
Neuigkeiten aus dem Verlag finden Sie auch auf Instagram und Facebook!

AM 24. MAI ERSCHEINT UNSER SOMMERMAGAZIN SEASIDE 2024

Urlaub im Norden – Fotowettbewerb **8**

Natur- und Vogel-Fotografie **72**

Spektakuläre Schiffsanläufe im Hamburger Hafen **16**

Rungholt – neue Funde der versunkenen Stadt **18**

Mit dem Kajak über die Nordsee **34**

Fotos: dpa/pictuerAllianz(2),Jörg Knorr, Tilman Möller, Pixabay, Rieck, S.Schneider,C.Rendigs

Einen Sommer mit dem Boot im Norden unterwegs **82**

St. Peter-Ording: Traumimmobilien unter Reet **60**

Sylt – Tipps aus erster Hand **46**

Maler des Nordens **108**

Hummer von Helgoland **132**

Der ganze Norden

Die in dieser Ausgabe beschriebenen Ferienziele, Inseln und Orte mit der jeweiligen Seitenzahl auf einen Blick.

Schleswig-Holstein	Seite
Arnis	109
Büsum	68
Brunsbüttel	21
Flensburg	26, 34
Friedrichskoog	38, 39
Friedrichstadt	19
Geesthacht	86
Gelting	26
Glückstadt	85
Grömitz	28
Großenbrode	70
Heiligenhafen	20
Kiel	10, 11, 26, 109, 140
Lauenburg	86, 90, 91
Lübeck	25

Neustadt-Pelzerhaken	78
Mölln	87
Olpenitz	20
Ratzeburg	92ff
Rendsburg/Büdelsdorf	113
Schönberg	13
Seebüll	116
St. Peter-Ording/Eiderstedt	13, 40, 60ff, 125

Inseln/Halligen Schleswig-Holstein	
Amrum	41
Fehmarn	24
Föhr	18, 114
Halligen/Hooge/Süderoog	39, 40
Helgoland	21, 132ff, 146
Pellworm	18, 32, 79
Sylt	41, 42, 46ff, 58

Niedersachsen	Seite
Aurich	24
Bad Bederkesa	83
Bad Bevensen	88
Bad Bodenteich	88
Cuxhaven	21, 39, 59
Hannover	84, 89, 115
Lüneburg	88, 142
Minden (NRW)	89
Norddeich	35
Oldenburg	72
Osnabrück	75
Osloß	88
Otterndorf	84, 125
Rühen	88

Ostsee
Lolland
Falster
Nykøbing
Rødby
Fehmarn
Westermarkelsdorf
Puttgarden
Orth
Burg
Heiligenhafen
Großenbrode
Heringsdorf
Oldenburg
Wangels
Dahme
Kellenhusen
Grömitz
Mecklenburger Bucht
Lübecker Bucht
Neustadt-Pelzerhaken
Timmendorf
Travemünde
Lübeck
Schönberg
Boltenhagen
Kirchdorf
Wismar
Grevesmühlen
Rerik
Kühlungsborn
Heiligendamm
Bad Doberan
Kröpelin
Warnemünde
Rostock
Graal-Müritz
Dierhagen
Ahrenshoop
Wustrow
Prerow
Zingst
Barth
Ribnitz-Damgarten
Stralsund
Hiddensee
Kloster
Neuendorf
Vitte
Dranske
Putgarten
Kap Arkona
Wiek
Glowe
Lohme
Sagard
Sassnitz
Binz
Sellin
Baabe
Göhren
Thiessow
Bergen
Putbus
Rügen
Greifswald
Wolgast
Usedom
Zinnowitz
Koserow
Ueckeritz
Heringsdorf
Świnoujście
Pommersche Bucht
Anklam
Ueckermünde
Polen
Mecklenburg-Vorpommern
Mecklenburgische Seenplatte
Schwerin
Güstrow
Teterow
Malchin
Demmin
Neubrandenburg
Waren
Müritz
Klink
Malchow
Plau
Röbel
Rechlin
Mirow
Neustrelitz
Torgelow
Pasewalk
Prenzlau
Parchim
Ludwigslust
Dömitz
Elbe
Wittenberge
Perleberg
Pritzwalk
Wittstock
Neuruppin
Rheinsberg
Templin
Schwedt
Brandenburg
Oranienburg
Berlin
Potsdam
Teltow
Havel
Spree
Oder
Stendal
Altmark
Salzwedel
Uelzen
Wolfsburg
Gardelegen
Sachsen-Anhalt
Haldensleben
Karte: Deinzer, BackerDirks, freepik

1. Platz
Die Möwe
Birgit Seiler, Lauterbach

URLAUBSGLÜCK

Die schönsten Urlaubsfotos unserer Leser. Hier zeigen wir die prämierten Bilder, die Ihnen sowie den Teilnehmern unseres Fotowettbewerbs, den Juroren von CEWE und unserer Redaktion am besten gefallen haben.
Auch für 2024 freuen wir uns über das Hochladen Ihrer Urlaubserinnerungen in unserem Fotowettbewerb auf ***www.landundmeer.de/Fotowettbewerb***

Das Thema 2024 heißt: **Urlaubsglück.**
Es gibt wertvolle Preise zu gewinnen!

Rapsfeld mit Meer
Tilman von Meltzer, Kiel

4. Platz
Hello!
Maren Weilandt, Neukirchen

Strandsegler auf Rømø
Clemens Hermann, Kiel

8. Platz
Strandspaziergang
Ilhan Sen, Hamburg

Hamburger Hafengeburtstag
Conny Müller, Essen

St. Peter-Ording
Georg Böhm, Mühlheim an der Ruhr

Fischerboot am Schönberger Strand
Moritz Wicklein, Langwedel

Diese Preise gibt es zu gewinnen

Senden Sie uns Ihre schönsten Urlaubsfotos aus diesem Jahr zum Fotowettbewerb 2024.
Laden Sie einfach Ihre Bilder hier hoch: ***www.landundmeer.de/Fotowettbewerb***

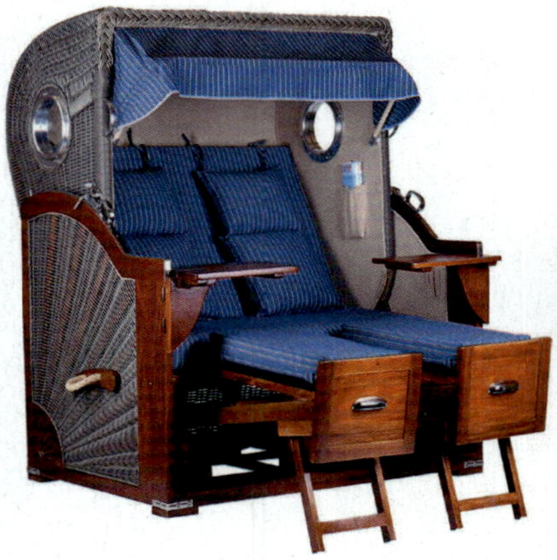

Fotos: Havila,Bris,Eschnabch

1. Preis: Rundreise auf der norwegischen Postschiffroute mit Havila Voyages

Zu gewinnen ist eine 12-tägige Rundreise für zwei Personen auf der Postschiffroute von Bergen nach Kirkenes und zurück auf einem Schiff von Havila Voyages.
Die Unterbringung erfolgt in einer Doppel-Außenkabine der Kategorie: Seaview Superior Double. Enthalten ist Vollpension an Bord. Der Reisezeitraum ist 2025 (ausgenommen: 1.6.–31.8.) Dieser Gewinn hat einen Wert von ca. 5.000 Euro.
Infos zu Havila-Reisen und -Schiffen auf: ***www.havilavoyages.de***

HAVILA VOYAGES

2. Preis: Ein Strandkorb von Bris Strandkorbmanufaktur

Der exklusive Strandkorb „Mahagoni 2,5 Sitzer Bullauge" mit dem Stoff „Royal Maritim" ist handgefertigt und besteht aus lackiertem Mahagoni-Holz. Er ist robust und für den ganzjährigen Außeneinsatz geeignet. Die rostfreien Beschläge aus V2A-Edelstahl sind ebenfalls für Langlebigkeit konzipiert. Mit dem Zugfeder-Lifter wird er leicht in die gewünschte Position gestellt. Abnehmbare Wechselbezüge runden seine Erstklassigkeit ab. Zahlreiche Extras werden mitgeliefert.

Der zu gewinnende Strandkorb hat einen Wert von ca. 2.400 Euro
www.bris-strandkorbmanufaktur.de

3. Preis: Ein Fernglas von Eschenbach Optik

Das Fernglas trophy® D 8 x 32 ED von Eschenbach Optik bietet dank Weitwinkeloptik ein extra großes Sehfeld und somit höchsten Beobachtungskomfort. Für eine besonders plastische und farbgetreue Abbildung sorgen Hochleistungslinsen.

Das zu gewinnende Fernglas hat einen Wert von ca. 580 Euro.
www.eschenbach-sportoptics.com

www.landundmeer.de/Fotowettbewerb

TEILNAHMEBEDINGUNGEN FOTOWETTBEWERB 2024

Der Fotowettbewerb wird veranstaltet vom LAND & MEER Verlag und der CEWE Stiftung. Ziel des Wettbewerbs ist es, Urlaubserlebnisse aus dem Norden Europas im Mittelpunkt des fotografischen Interesses zu zeigen. Die Einsendungen können zu bestimmten Kategorien erfolgen. Die Laufzeit 2024: vom **1. April 2024 bis 31. Oktober 2024**.
Die Endauswahl der Siegermotive nimmt eine Jury vor. CEWE und der LAND & MEER-Verlag vergeben zehn hochwertige Preise. Die Gewinnerfotografien werden auf den Webseiten von CEWE und dem LAND & MEER-Verlag präsentiert und alle Preisträgerinnen und -träger schriftlich per E-Mail benachrichtigt. Eine Barauszahlung der Gewinne ist nicht möglich. Zur Teilnahme muss ein Benutzerkonto angelegt werden oder bereits vorhanden sein. Bis zu 10 selbst aufgenommene Fotografien können eingereicht werden. Eine Teilnahme ist ausschließlich online über die Webseiten des Wettbewerbs möglich. Mit dem Hochladen der Fotos erklärt sich der Teilnehmende mit den Teilnahmebedingungen einverstanden. Teilnahmeberechtigt sind natürliche Personen, die das 18. Lebensjahr vollendet haben. Sollten Teilnehmende in ihrer Geschäftsfähigkeit eingeschränkt sein, bedarf es der Einwilligung des gesetzlichen Vertreters. Nicht volljährige Teilnehmende, Angestellte von CEWE, Mitarbeitende des LAND & MEER-Verlags, deren Angehörige und andere an der Konzeption und Umsetzung des Fotowettbewerbs beteiligte Personen sind von der Teilnahme ausgeschlossen.
Die Fotografien müssen für das **Hochladen auf *www.landundmeer.de/Fotowettbewerb*** eine Größe von mindestens 1.240 x 768 Pixel bei einer Dateigröße von maximal 22 Megabyte (MB) haben. Zulässig ist ausschließlich das JPG-Dateiformat. Bitte Cookie-Blocker ausschalten. ***Alternativ zum Hochladen: https://contest.cewe.de/urlaubsglueck2024***
Die Dateien müssen für das Hochladen eine Größe von mindestens 1.080 x 1.080 Pixel besitzen. Zulässig sind ausschließlich das PNG, JPG und JPEG-Dateiformat.
Alle eingereichten Fotografien müssen mit einer objektivbasierten Kamera aufgenommen worden sein. Ausschließlich computer- oder durch künstliche Intelligenz generierte Inhalte sind nicht erlaubt, und in der Nachbearbeitung dürfen keine künstlich erzeugten Füllungen verwendet werden. Eingereichte Fotografien können Bearbeitungen enthalten, solange diese nicht zu signifikanten Veränderungen des Bildes als Ganzes führen. Das Ausmaß der Bearbeitung muss bei Einreichung in der Bildbeschreibung transparent gemacht werden. Jede eingereichte Fotografie muss dem Teilnehmenden auch in Originalgröße und im Originalformat (JPEG, RAW oder TIF) vorliegen. Diese kann CEWE und der LAND & MEER-Verlag vom Teilnehmenden zur Überprüfung der Echtheit und für eine Veröffentlichung in Ausstellungen und/oder Printmedien anfordern. Die Veranstalter behalten sich vor, eingereichte Fotografien vom Wettbewerb auszuschließen und zu löschen, wenn berechtigte Gründe vorliegen. Der Teilnehmende wird über die Löschung oder den Ausschluss informiert.
Urheberrecht: Das Urheberrecht bleibt beim Fotografierenden. Hochgeladenen Fotos werden über das persönliche Benutzerkonto verwaltet. Eine Rücknahme der Fotografien vom Wettbewerb durch den Teilnehmenden ist jederzeit durch Löschung der betreffenden Fotografie über das persönliche Benutzerkonto möglich. Ausgenommen sind Fotos, die nach der Jurierung auf der Seite „Gewinner" dargestellt werden und/oder bereits veröffentlicht wurden.

Das Thema 2024 heißt:
Urlaubsglück

Bilder können in drei Kategorien eingesandt werden:

Urlaub im Norden – Die Farbe Blau – Typisch Norddeutsch

Einsendeschluss ist der 31. Oktober 2024

cewe

4. Preis Der Gewinner von Platz 4 erhält einen Gutschein für CEWE WANDBILDER im Wert von 200 Euro.

5. Preis Der Gewinner von Platz 5 erhält einen Gutschein für CEWE WANDBILDER im Wert von 100 Euro.

6.–10. Preis Die Gewinner von Platz 6 bis 10 erhalten je einen CEWE FOTOBUCH Gutschein à 50 Euro.

Näheres online:
www.cewe.de und ***www.landundmeer.de***

Hochladen ganz einfach hier:
www.landundmeer.de/Fotowettbewerb
Bitte Cookie-Blocker ausschalten.

Alternativ zum Hochladen direkt hier:
https://contest.cewe.de/urlaubsglueck2024

Nutzungsrecht: Mit der Teilnahme am Wettbewerb erteilen die Teilnehmenden CEWE und dem LAND & MEER-Verlag ein unwiderrufliches, räumlich unbegrenztes und zeitlich unbefristetes Nutzungsrecht für die PR-Arbeit (in Print, online und sozialen Netzwerken) im Zusammenhang mit diesem oder zukünftigem Fotowettbewerb. Bei Veröffentlichung wird stets der vollständige Name des Teilnehmenden als Urheber genannt. Für eine darüberhinausgehende kommerzielle Nutzung bedarf es der gesonderten Zustimmung durch den Teilnehmenden. Das Veröffentlichen erfolgt unentgeltlich.
Mit der Teilnahme bestätigt der Teilnehmende, dass er der Urheber der hochgeladenen Fotografien ist und damit uneingeschränkt über dessen Nutzungsrechte verfügt und diese im Wettbewerb einreichen darf. Der Teilnehmende bestätigt weiterhin, dass die von ihm hochgeladenen Fotografien frei von Rechten Dritter sind; insbesondere, dass sämtliche erkennbaren abgebildeten Personen mit den genannten Nutzungen einverstanden sind und dass Schutzrechte Dritter durch diese Nutzungen nicht verletzt werden. Die Motive dürfen nicht den rechtlichen Bestimmungen des Ursprungslandes, der Europäischen Union oder den Persönlichkeitsrechten abgebildeter Personen widersprechen. Der Teilnehmende stellt CEWE und den LAND & MEER-Verlag gegenüber etwaigen Ansprüchen Dritter frei. CEWE und der LAND & MEER-Verlag übernehmen keine Haftung für die Wahrung des Urheberrechts durch Dritte. Der Teilnehmende sichert zu, dass die Inhalte der übertragenen Bilddateien nicht gegen geltende Verbotsnormen, insbesondere gegen die Vorschriften zur Verbreitung von Kinderpornografie (§§ 184 ff. StGB) verstoßen. Der Rechtsweg ist ausgeschlossen.

Neues aus dem Norden

Fotos: dpa-pictureAlliance/B.Marks,A.Vallbracht,Albatros-Travel

MS „One Innovation", das riesige pinkfarbene Containerschiff der Reederei One läuft den Hamburger Hafen an. Bei seinem Erstanlauf im letzten Juli verfolgten Fotografinnen und Fotografen sowie viele Schaulustige das Manöver.

EIN SCHIFF WIRD KOMMEN!

In diesem Jahr werden im Hamburger Hafen spektakuläre Schiffe erwartet – vom neuen Kreuzfahrtschiff bis zu Super-Containerfrachtern.

Im Hamburger Hafen ist immer viel los. Wer gerne große Pötte bestaunt, kann am Hamburger Elbstrand besonders nah an die einlaufenden Schiffe herankommen. Etwa vor der Strandperle, der „Mutter aller Beachclubs", am Hamburger Elbstrand oder der danebenliegenden Ahoi-Bar sowie etwas weiter, beim Restaurant „Brücke 10" am Findling „Alter Schwede", sind die Containerriesen besonders gut zu sehen, denn direkt hier drehen sie, um in das gegenüberliegende Hafenbecken bugsiert zu werden. In diesem Frühling kommen besonders viele neue und große Frachter nach Hamburg. Und ebenso zahlreiche Kreuzfahrtschiffe - manche sind erstmalig in Hamburg zu Besuch. Die Reederei Hapag-Lloyd schickt dieses Jahr gleich drei neue Containerriesen zum ersten Mal in den Hamburger Hafen. Die Schiffe gehören der Hamburg-Express-Klasse an, haben eine Länge von 400 Metern und sind gut 60 Meter breit. Sie können je etwa 23.600 Container transportieren. Im letzten Jahr wurde am Buchardkai aus der Megamax-Klasse die „BERLIN EXPRESS" von der Frau des Bundespräsidenten, Elke Büdenbender, getauft. Als Erstanläufe werden Ende Juni 2024 die „SINGAPUR EXPRESS" und im Juli die „DAMIETTA EXPRESS" in der Hansestadt Hamburg erwartet.
Und im August gibt es dann wieder eine große Taufzeremonie: Die „HAMBURG EXPRESS" wird von der Gattin des Hamburger Bürgermeisters, Eva-Maria Tschentscher, getauft. Denn die Schiffe der Traditionsreederei Hapag-Lloyd haben Hamburg als Heimathafen und tragen das Hamburger Wappen am Bug!
Im vergangenen Jahr sind weltweit 350 neue Containerschiffe mit einer Gesamtkapazität von 2,2 Millionen Standardcontainern (TEU) gebaut worden, die in diesem Jahr in Fahrt gehen. 2024 sollen sogar 478 Contai-

Bestell-Postkarte

Unseren Shop finden Sie auch auf: ***www.landundmeer.de***

Bestellmenge	**Aus dem LAND & MEER-Shop (Seite 130/131) bestelle ich:**	
_______	LEUCHTTURM-Kaffeebecher (nach einer Zeichnung von Marlies Schaper)	€12,95
_______	ANKER-Flaschenöffner mit Korkenzieher, verchromtes Messing	€19,80
_______	TASCHENKOMPASS im Antikdesign, aus Messing	€29,80
_______	Kartenspiel LEUCHTTÜRME: 55 Spielkarten mit Leuchtturm-Motiven	€12,95
_______	Kartenspiel MEERESVÖGEL: 55 Spielkarten mit Vogel-Motiven	€12,95
_______	Kartenspiel STRAND & MEER: 55 Spielkarten mit Muschel- und Tier-Motiven	€12,95
_______	MEMORY-Spiel – 40 Karten mit Leuchtturm-Motiven von Nord- und Ostsee	€14,95
_______	PUDELMÜTZE, dunkelblau – mit Pudel	€14,95
_______	ROLLMÜTZE, „Docker", dunkelblau – ohne Pudel	€14,95
_______	Hand- und Strand-ASCHENBECHER aus Messing	€14,95
_______	Große STRANDTASCHE, blau, mit Kompassrose und Anker-Emblem (bei Abo - gratis!)	€ 17,95
_______	LAND & MEER-Urlaubsmagazin regelmäßig lesen (gratis Strandtasche), jährlich nur	€ 8,90
_______	LAND & MEER-Ausgabe 2024 einzeln bestellen	€ 8,90
_______	LAND & MEER Ausgaben aus den letzten Jahren bestellen	je € 7,90
_______	SEASIDE-Magazin regelmäßig lesen (gratis Bracenat-Armband), jährlich nur	€ 7,–
_______	SEASIDE-Magazin NEU ab Mitte Mai 2024 – Sonderpreis, jetzt nur	€ 7,–
_______	SEASIDE-Ausgaben aus den letzten Jahren zum Sammeln	je € 7,–

❑ Ja, ich möchte LAND & MEER 2024 mit meiner Bestellung noch einmal gratis erhalten!

Alle Preise sind Endpreise (inkl. MwSt., Porto- und Versandkosten!)

LAND & MEER jetzt bestellen!

❑ Ja, ich will LAND & MEER – das Urlaubsmagazin für den ganzen Norden – regelmäßig lesen und automatisch 1x im Jahr erhalten. Es kostet nur 8,90 Euro pro Jahr, versandkostenfrei! Die Berechnung erfolgt erst mit Lieferung der nächsten aktuellen Ausgabe. An unten stehende Anschrift geht auch die große LAND & MEER-Strandtasche und bei Bankeinzug auch die kleinere rot/blau bedruckte Jutetasche.

Nach Ablauf eines Jahres jederzeit kündbar, auch per Mail oder Telefon.

Absender und Lieferanschrift:

Name: ....

Straße: ....

PLZ/Ort: ....

....

Tel. für Rückfragen: ....

❑ **Ich erbitte Bankeinzug bei:**

Bank: ....

IBAN: ....

BIC: ....

❑ **Ich möchte eine Rechnung.**

Ich weiß, dass ich meine Bestellung innerhalb von 14 Tagen widerrufen kann und bestätige dies mit meiner

Unterschrift: ....

2024

Bitte ausreichend frankieren

LAND & MEER-Verlag
Neumühlen 46
D-22763 Hamburg

Auch der LAND & MEER-Verlag grüßt aus dem Norden!
Seehund am Strand Foto: Fotolia

Bitte ausreichend frankieren

nerschiffe mit einer Kapazität von 3,1 Millionen TEU abgeliefert werden, damit wäre der Rekord von 2023 noch einmal um 41 Prozent übertroffen!

KREUZFAHRT-SCHIFFSANLÄUFE

Auch unter den Kreuzfahrtschiffen gibt es zahlreiche neue Rekorde. Insgesamt 269 Schiffsanläufe werden in diesem Jahr in Hamburg erwartet. Darunter neun Schiffe, die zum ersten Mal Hamburg besuchen. Insgesamt starten mehr Reisen, und neue Schiffe wurden gebaut, was ursächlich mit der Coronapandemie zu tun hat. Am 3. Mai wird ein neues Luxus-Kreuzfahrtschiff mit Eisklasse für die Fahrtgebiete Arktis und Antarktis erwartet. Die „OCEAN ALBATROS" ist zwar mit 104 Metern Länge nicht groß, aber für Shipspotter trotzdem sehenswert, denn der verstärkte Bug versetzt das Schiff in die „Eisklasse 1A". Die „Ocean Albatros" hat einen 50 Prozent kleineren CO_2-Fußabdruck als herkömmliche Expeditionsschiffe – neben vier Dieselmotoren verfügt es über zwei Elektromotoren. Ab dem 25. Mai bietet das Kreuzfahrtschiff „COSTA FAVOLOSA" Fahrten ab Hamburg zum Nordkap, nach Island, in die norwegischen Fjorde und zu den Britischen Inseln an. Und der Luxus-Kreuzfahrer „SEABOURN QUEST" läuft am 26. Juni erstmalig Hamburg an und geht dann auf Skandinavienreise.

„Ocean Albatros": neues Luxus-Kreuzfahrtschiff fürs Eis.

SCHIFFSANLÄUFE

Die genannten Daten sind unter Vorbehalt, denn Wetter und Reiseverzögerungen können einen Reiseplan auf See immer ändern. Diese beiden Webseiten bieten aktuelle Auskunft über Schiffsanläufe im Hamburger Hafen: ***www.schiffsradar.org*** und ***www.schiffe-in-hamburg.de***

RUNGHOLT, NEUE ERKENNTNISSE IN DER NORDSEE

Nach mehr als 100 Jahren Suche ist es nun endlich gelungen, genau zu verorten, wo sich die sagenumwobene Rungholt-Siedlung befand: Forschende, unter anderem von der Universität Kiel, konnten das Fundament der Rungholter Kirche im Wattenmeer lokalisieren.

Die Nordspitze von Pellworm im schleswig-holsteinischen Wattenmeer. Die Insel gehörte zur einstigen Insel Strand, auf der auch Rungholt lag. Das Meer gibt und das Meer nimmt – so sagen die Bewohner der Nordseeküste seit jeher.

Um kaum einen Ort ranken sich so viele Sagen und Legenden wie um Rungholt, eine ehemalige Siedlung an der Westküste des heutigen Schleswig-Holsteins. Eine gewaltige Sturmflut soll den Ort vernichtet haben: Bei der Zweiten Marcellusflut, die vom 15. bis 17. Januar 1362 in mehreren Flutwellen auf die unzureichend gesicherte Küste zurollte, wurden weite Teile der nordfriesischen Uthlande massiv überspült. Hunderte Menschen und Tausende Tiere ertranken in den Fluten, und die heute sagenumwobene Siedlung Rungholt ging unwiederbringlich verloren. Schuld waren nicht nur die zu niedrigen Deiche, sondern auch das ausgetrocknete Hinterland, das sich immer weiter abgesenkt hatte. So konnten die Bewohner zwar ihren lukrativen Salztorfabbau betreiben, aber das beim Deichbruch eindringende Wasser überschwemmte das Land etliche Meter hoch und floss nicht wieder ab. Der Legende nach sei Rungholt, der Handelshafen der einstigen Insel Strand, reich und prunkvoll gewesen, die Menschen dort hätten ein lasterhaftes Leben geführt und sich über ihren Pfarrer gestellt – die große Flut, bei der seine Bewohner und Bewohnerinnen den Tod fanden, sei eine Strafe Gottes gewesen, und bei ruhiger See könne man immer noch die Glocken von Rungholts Kirche läuten hören. Nun haben Forschende eines Gemeinschaftsprojekts der Universitäten Kiel und Mainz,

Eine Rekonstruktion der Karte von Rungholt von 1652.

Fotos: istock, dpa-pictureAllianz/J.MejerEiderstedterStrandk.

Immer wieder werden Fundstücke im Watt geborgen.

des Zentrums für Baltische und Skandinavische Archäologie (ZBSA) sowie des Archäologischen Landesamts Schleswig-Holstein bei geophysikalischen Untersuchungen im Wattenmeer diese Kirche gefunden! Mithilfe von Magnetometern führten die Wissenschaftler Kartierungen auf einem Areal von insgesamt zehn Quadratkilometern durch und zeichneten Strukturen unter der Oberfläche des Watts auf. Zu Tage kamen insgesamt 54 Warften aus dem Mittelalter, von den einstigen Bewohnern aufgeschüttete, mehrere Meter hohe Hügel, die bei Sturmfluten Gebäuden, Mensch und Tier Schutz bieten sollten. Auf einer dieser mittelalterlichen Warften erkannten die Wissenschaftler eindeutig den Grundriss einer Kirche – das 15 mal 40 Meter messende Fundament des Gotteshauses wird nun durch Bohrungen und Grabungen gezielt weiter untersucht, wenn auch durch die Gezeiten erschwert: Nur bei Ebbe ist es den Forschern möglich zu arbeiten, ihre Grabungen müssen sie mit Spuntwänden sichern. Aber die sechsjährige Vorarbeit des Forscherteams hat sich gelohnt.

40 JAHRE STRANDKORBMANUFAKTUR AN DER EIDER

„Immer eine Pause wert" – nach dieser entspannten Philosophie bietet die Strandkorbmanufaktur Eiderstedter Strandkörbe komplett handgefertigte, attraktive Kuschelmöbel für Strand, Garten und Terrasse. Im malerischen Friedrichstadt, vor drei Jahrzehnten von Korbflechtmeister Karl-Heinz Lorenzen gegründet, führt heute Sohn Oliver Theede das traditionsreiche Familienunternehmen.

Hier ist alles, jeder einzelne Arbeitsschritt, liebevoll und kenntnisreich von Hand „hausgemacht": Schneiderei, Tischlerei und Korbflechterei wirken gemeinsam unter einem Dach – perfekte Voraussetzung dafür, sich hier einen nach persönlichen Wünschen individuell gefertigten Strandkorb zusammenzustellen.

Fünf Größen als Halb- oder Ganzlieger stehen zur Wahl, alle mühelos nach dem in Friedrichstadt entwickelten Patent stufenlos verstellbar. Zusätzlichen Komfort der Extraklasse bieten die Eiderstedter Strandkörbe ganz nach Anspruch mit Kissen, Decken und Hauben, mit Zeitungs-, Handy- und Brillentaschen, Seitentischchen, Bistro-Schwenktischen bis hin zu Lautsprechersystemen. Und natürlich ist unter den über 300 verschiedenen Stoffen aus Meisterwebereien in Italien, Spanien und Deutschland für jeden Geschmack das Wunschdesign dabei. Das schöne Ergebnis ist ein ganz persönlicher Rückzugssort – „immer eine Pause wert"!

Eiderstedter Strandkörbe,
Uelvesbüller Straße 1,
25840 Friedrichstadt,
www.eiderstedter-strandkoerbe.com

Die Seenotretter haben neue Botschafter: die Shanty-Rock-Band Santiano.

Fotos: DGzRS,FRS,HarzturmGmbH

BO(O)TSCHAFTER DER RETTER

Die Deutsche Gesellschaft zur Rettung Schiffbrüchiger (DGzRS) mit Sitz in Bremen ist eine wichtige Hilfsorganisation an Nord- und Ostsee. Im vergangenen Jahr sind ihre Besatzungen, die in Niedersachsen, Schleswig-Holstein und Mecklenburg-Vorpommern stationiert sind, 1.940 Mal zu Einsätzen gerufen worden und haben dabei über 3.500 Menschen geholfen. Seit Gründung der Gesellschaft im Jahr 1865 wurden bereits mehr als 86.000 in Seenot Geratene gerettet – und das nach wie vor rein spendenfinanziert. Die norddeutsche Erfolgsband Santiano folgt als ehrenamtlicher Botschafter dem achtfachen und amtierenden deutschen Kitesurfmeister Linus Erdmann, der 2023 die Gesellschaft zur Rettung Schiffbrüchiger bei der Prävention, Filmdrehs und Veranstaltungen unterstützt hat. Wie wichtig die Seenotretter auch für Wassersportler sind, weiß er aus eigener Erfahrung: „Trotz größter Umsicht und bester Vorbereitung kann Wassersportlern wie mir, aber auch allen Seeleuten, schnell etwas Unvorhergesehenes passieren. Deshalb ist es so gut, dass es die Seenotretter gibt", so Erdmann. Santiano, die in ihren Songs in erster Linie maritime Themen besingt, bat schon seit ihrer ersten Tournee vor elf Jahren um Spenden bei ihren Fans und haben stets ein DGzRS-Sammelschiffchen dabei. „Als Menschen, die selbst sehr viel Zeit auf See verbringen, wissen wir die Seenotretter sehr zu schätzen", erklärt Sänger Björn Both.

Der Geiger der Band, Pete Sage, geriet zusammen mit seiner Frau im Frühjahr 2023 selbst in Seenot. Auf dem Weg von Heiligenhafen nach Olpenitz mussten die beiden wegen eines plötzlichen Wassereinbruchs ihre Yacht verlassen, stiegen in ihr kleines Beiboot, nachdem Pete Sage einen Notruf über Handy abgesetzt hatte. Ihr Segelschiff war bereits gesunken, als der Seenotrettungskreuzer „Berlin" ihn und seine Frau in ihrem kleinen Dinghi aufgespürt hatte. „Die DGzRS hat unser Leben gerettet", sagte er später, und er sei froh, dass es die Seenotretter gäbe. ***www.seenotretter.de***

FRS FÄHRT JETZT AB BRUNSBÜTTEL

Ab April auch ab Brunsbüttel – mit dem „Halunder Jet“ nach Helgoland: Die Flensburger Reederei Seetouristik – FRS Helgoline – erweitert ihr Programm und bietet seit Anfang April Fahrten von Schleswig-Holstein mit dem Highspeed-Katamaran zur Hochseeinsel an: Neben den Abfahrtsorten Hamburg und Cuxhaven werden Passagiere nun auch in Brunsbüttel an Bord gehen können, um mit dem „Halunder Jet“ – mit Zwischenstopp in Cuxhaven – nach Helgoland zu gelangen.

Für Reisende aus vielen Regionen Schleswig-Holsteins reduziert sich die Anfahrtdauer damit erheblich. Die Fahrt ab Brunsbüttel dauert circa zwei Stunden. Seit Mitte März fährt die Linie von Hamburg und Cuxhaven. ***www.frs-helgoline.de***

Mit dem „Halunder Jet“ geht es in kurzer Zeit zur Insel Helgoland.

SPEKTAKULÄRES ZIEL IM HARZ

Mit dem Harzturm im Ort Torfhaus ist der Oberharz um eine Touristenattraktion reicher. Besucher können den 65 Meter hohen, mit einer filigranen Holzstruktur verkleideten Turm zu Fuß besteigen.

Aber auch mit dem Lift kann man zu den beiden Aussichtsplattformen und dem Skywalk in der oberen Etage gelangen. Von hier aus bietet sich ein großartiges Panorama hinüber auf den Brocken und über den Nationalpark Harz.

Abwärts können Wagemutige dann über die 110 Meter lange Erlebnisrutsche „Rasantia“ hinuntersausen, die kurvenreich und mit magischen Lichteffekten versehen hinunterführt – dabei werden etwa 25 Stundenkilometer erreicht.

In der Eingangshalle lösen Besucherinnen und Besucher ihre Tickets für Turm und Erlebnisrutsche und finden im Shop Souvenirs wie Wandertassen oder T-Shirts. Auch Erinnerungsfotos von der Rutschpartie sind hier erhältlich. ***www.harzturm.de***

Der Harzturm bietet auf seiner obersten Plattform einen weiten Blick über die Landschaft.

SENSATIONELLER SILBERSCHATZ AUF RÜGEN ENTDECKT

An drei Fundorten in Mecklenburg-Vorpommern wurden spektakuläre archäologische Entdeckungen gemacht. Auch im ostfriesischen Aurich sorgte ein Zufallsfund für Aufregung.

Fotos: dpa,Reese

Im Südosten der Insel Rügen fanden Archäologen mehr als 6.000 Silbermünzen aus dem 11. Jahrhundert.

Rund 6.000 Silbermünzen aus dem 11. Jahrhundert haben Archäologen in der Nähe von Lancken-Granitz im Südosten von Rügen ausgegraben. Aber nicht nur auf Rügen, auch an zwei weiteren Orten in Mecklenburg-Vorpommern wurden wichtige archäologische Funde gemacht, darunter kostbare Bronzeschwerter und wertvolle Perlen.

Nach ersten Erkenntnissen waren die Silbermünzen in einem Tongefäß im Boden vergraben worden. Wie es später zerbrach, lässt sich nur vermuten, wahrscheinlich beim Pflügen des Ackerlands. Das Silbergewicht der Münzen, so Landesarchäologe Detlef Jantzen bei der Vorstellung des Fundes im Schweriner Depot, betrage 6,7 Kilo. Ein Großteil der Münzen stamme aus dem westlichen Deutschland und aus der Meißen-Oberlausitz-Region, rund zehn Prozent aus Böhmen, Ungarn, England und Dänemark. Es ist der bislang größte slawenzeitliche Münzschatz, der seit 1945 entdeckt wurde. Sieben teils kostbar verzierte Bronzeschwerter, die bereits 1.000 Jahre vor Christus gefertigt wurden, fanden Archäologen bei Mirow im Landkreis Mecklenburgische Seenplatte.

Wie Landesarchäologe Jantzen erklärt, seien sie in einem Moor versenkt worden. Vermutlich waren die rund 3.000 Jahre alten Waffen als religiöse Opfergaben gedacht. Es sei, so Landeskulturministerin Bettina Martin, bisher noch nie eine so große Anzahl bronzezeitlicher Schwerter an einem Ort entdeckt worden. Ebenfalls aus dem 11. Jahrhundert stammt ein weiterer Silberschatz, der bei Mölln, nordwestlich von Neubrandenburg, gefunden wurde. Besonders ist bei diesem archäologischen Fund, dass neben Perlen, vermutlich aus der Kaukasusregion, auch mehrere kleine silberne Reliquiengefäße dazugehören. Dies seien, so Jantzen, sehr frühe Zeugnisse des Christentums für den Nordosten.

ZUFALLSFUND MIT HISTORISCHER DIMENSION

Dieses antike Glassiegel ist ein Gartenfund aus Ostfriesland.

Gab es im 18. Jahrhundert in Aurich eine fürstliche Glashütte?

Manchmal findet man bei der Gartenarbeit mehr als Regenwürmer oder Giersch. So passierte es im August des letzten Jahres auch im Auricher Stadtteil Sandhorst. Der spannende Zufallsfund offenbarte ein kleines Glasbruchstück. Beim genaueren Hinsehen entpuppte sich die Scherbe als Träger eines besonderen Glassiegels. Es zeigt laut Auskunft von Ines Reese, Grabungstechnikerin bei der Ostfriesischen Landschaft, eine „Harpyie“, also eine große Greifvogelart. Das Besondere: „Die Harpyie“, so Reese, „ist das Wappen der Herrscherfamilie Cirksena aus Ostfriesland.“ Glassiegel sind Prägungen auf Glasprodukten und weisen auf den Hersteller hin. Der Fund ist auch deshalb bedeutsam, weil Ostfriesland kein typischer Glashüttenstandort war. Zwar gab es im 19. Jahrhundert in Emden und Großefehn Versuche zur Herstellung von Glasprodukten. Die wurden aber bald wieder eingestellt. Der Gartenfund könne, so Ines Reese, „auf eine Glasmanufaktur unter der Regie der Cirksena in Aurich hindeuten“. Sie verwies in diesem Zusammenhang auch auf schriftliche Quellen, nach denen der ostfriesische Fürst Christian Eberhard schon im 18. Jahrhundert einen Versuch gestartet habe, in Sandhorst eine Glashütte zu betreiben. Es ging um die Herstellung großer, bauchiger Flaschen (Bouteillen) zum Transport von Flüssigkeiten. Bisher ist das Glassiegel das einzige bekannte Fundstück dieser Art. Es misst fast fünf Zentimeter und zählt daher tendenziell zu den älteren Glasmarken des 18. Jahrhunderts.

BARFUSSPARK AUF FEHMARN

„Schuhe aus & Sinne an!" In frischer Luft die Natur fühlen, seine Sinne ganz neu entdecken – die Idee zu einem Barfußpark kam Anneke Höpner, auf Fehmarn praktizierende Logopädin, Heilpraktikerin für Psychotherapie und Jugendcoachin, vor sieben Jahren. Jetzt war die Eröffnung.

Fotos: T.Hermsen/Höpner

Themenbereiche Ostsee, Natur- und Umweltschutz und Landwirtschaft – der Erlebnispfad ist 1,6 Kilometer lang.

Gemeinsam mit ihrem Mann Jonas, der einen landwirtschaftlichen Betrieb führt, unterstützt von der ganzen Familie – „Unsere Kinder waren oft die besten Berater" – überwand sie einen wahren bürokratischen und finanziellen Marathon, bis sie nun ihr Herzensprojekt Barfußpark im Ortsteil Neue Tiefe auf Fehmarn eröffnen konnte. Das reetgedeckte Haupthaus mit großer Sonnenterrasse begrüßt die Gäste stilvoll und lädt mit einer kleinen Gastronomie zur appetitlichen Pause; eine hübsche Auswahl an Mitbringseln und Erinnerungsstücken gibt es im Souvenirshop zu entdecken. Auf dem 1,6 Kilometer langen Erlebnispfad geht es um die Themenbereiche Ostsee, Jagd und Landwirtschaft, wobei Umweltschutz und Nachhaltigkeit eine bedeutende Rolle spielen. In 17 verschiedenen Becken lassen sich Untergründe wie Korken, Matsch, Muscheln, Stroh und Tannenzapfen per Fuß erfühlen; Orientierungssinne können im Holzlabyrinth mit Aussichtsturm getestet werden. Insekten- und Bienenhotels sind zu bestaunen, auch ein Kneippbecken. Hochsitze und Aussichtstürme mit Ferngläsern

Anneke und Jonas Höpner eröffneten den Barfußpark auf der Insel Fehmarn.

In 17 verschiedenen Becken lassen sich Korken, Matsch, Muscheln, Stroh oder Tannenzapfen mit den Füßen erfühlen.

sorgen auf dem 1,4 Hektar großen Gelände für den weiten Blick in die Natur. Als Highlight für abenteuerlustige Kids zeigt sich der große Spielplatz mit einem fantasievollen Programm zum Klettern, Rutschen, Hangeln, Balancieren. Es gibt Picknickplätze, und für Geburtstagsfeiern steht ein extra Zelt bereit. Für Schulklassen und Kindergärten bietet das Barfußpark-Team passende Programme. ***www.barfusspark-fehmarn.de***

SCHUTZ ODER SCHIKANE? – DIE WELLEN SCHLAGEN HOCH

Die schleswig-holsteinische Landesregierung erwägt die Erweiterung ihrer Nationalparkflächen an der Ostsee. Einheimische, Wassersportverbände, aber auch Fischer schlagen dagegen Alarm. Weshalb, kommentiert die LAND & MEER-Redaktion.

Die Geltinger Birk am Ausgang der Flensburger Förde steht bereits seit 1934 unter Naturschutz. Ihre Gesamtfläche misst 773 Hektar. Die ersten freilebenden Pferde, Koniks, wurden hier bereits im Jahr 2002 ausgewildert.

Die Landwirtschaft trägt am meisten für die Einleitung von Nährstoffen in die Ostsee bei, „das muss reduziert werden", sagt der Umweltminister Tobias Goldschmidt von Bündnis 90/Die Grünen. Der Bund hat für die Bergung von Munition 100 Millionen Euro zur Verfügung gestellt, hiermit beginnt man endlich in diesem Frühjahr. An der Nordsee gibt es seit Jahrzehnten umfassende Nationionalparks für das dortige von Ebbe und Flut tidenabhängige Wattenmeer, das zum UNESCO-Weltnaturerbe gehört. Auch in der Ostsee gibt es bereits Nationionalparks, jedoch auf etwas kleineren Flächen. Zahlreiche Naturschutzgebiete, Landschaftsschutzgebiete und Vogelschutzregionen sind vorhanden. Seit mehr als 30 Jahren auch „Natura 2000", ein zusammenhängendes Netz von Schutzgebieten, das seit 1992 nach den Maßgaben der Fauna-Flora-Habitat-Richtlinie errichtet wurde und wird. Sein Sinn ist der länderübergreifende Schutz in der Europäischen Union „gefährdeter wildlebender heimischer Pflanzen- und Tierarten und ihrer natürlichen Lebensräume". Das alles haben wir also bereits, um unseren Kulturraum in Norddeutschland zu schützen. Seit der letzten Eiszeit leben in diesem Raum auch Menschen in und mit der Landschaft und versorgen sich nach ihrem Bedarf mittels Fischfang und Weidetierhaltung mit Lebensmitteln. Auch Menschen, die heute hier ihre Freizeit verbringen, segeln, surfen, schwimmen oder spazieren gehen, zerstören die Natur nicht, sondern leben in ihr und mit ihr.

Aber: Die Ostsee leidet unter Überfischung, denn seit vielen Jahren haben die Anrainerländer der Ostsee Jungfische und Brut vom Meeresboden gekratzt, um daraus Trockenfischfutter für Landtiere, wie etwa Hühnerhaltung, zu erwirtschaften. Nun wundert man sich, dass kaum mehr Fisch zu fangen ist.

Und in den beiden letzten Weltkriegen wurden hier Munitionsreste in großer Menge entsorgt. Allein in der deutschen Nord- und Ostsee lagern etwa 1,6 Millionen Tonnen konventioneller Munition und etwa 5.000 Tonnen chemischer Kampfstoffe. Diese Altlasten werden in naher Zukunft zu einer großen Gefahr für Mensch, Tier und Schifffahrt, weil sie sich zersetzten, verrosten und sich im Wasser auflösen oder auch explodieren könnten. Dieses Weltkriegserbe gefährdet die Umwelt und auch den

Gegen die Pläne zur Ausweitung der Schutzzonen demonstrierten die Bevölkerung und Urlaubsgäste an Land und auf dem Wasser.

Tourismus, wovon die Region größtenteils lebt. Die Munition muss schnellstmöglich gehoben und entschärft werden. Die Umgebung mittels Betretungsverboten in einen sehr großen weiteren Nationalpark verwandeln zu wollen, geht jedoch in die falsche Richtung. Was zur Rettung des Naturraums Ostsee ebenso geschehen muss, ist, die letzten noch vorhandenen Einleitungen durch die Landwirtschaft und den Abfluss von Chemikalien ihrer landwirtschaftlichen Gebiete gänzlich zu beenden. Dies fordert auch der Verein Jordsand in seiner Resolution zum Schutz der Ostsee.

Urlaubende Menschen, Wassersportlerinnen und Segler, SUPs oder Paddelboote hier zu verbieten ist falsch und genau das Gegenteil von dem, was sich die hier Lebenden und ihre Urlaubsgäste wünschen. Denn der einzelne Mensch verunreinigt die Natur nicht, sondern er lebt in ihr und mit ihr – hier seit mehr als 10.000 Jahren! Auch eine Weiterentwicklung des bestehenden Landschaftsschutzes wird durch Betretungsverbote der Kulturlandschaft, zu der Natur, Tiere und Menschen gehören, eher verhindert als gefördert. ***www.jordsand.de***

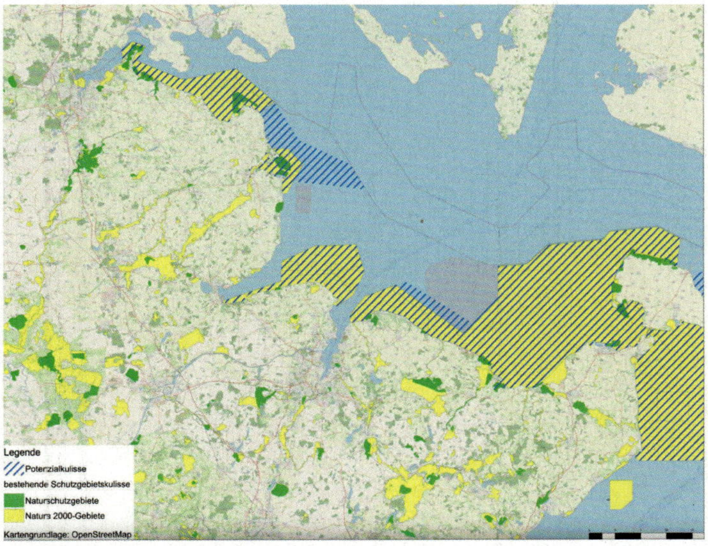

Bestehende Schutzgebiete an Schleswig-Holsteins Ostseeküste.

Fotos/Karte: S.Conradt,R.Urbschat,Mekun/NPO

DÜNENPARK GRÖMITZ WÄCHST WEITER

Der Dünenpark im Ostseebad Grömitz, ein Großprojekt in direkter Strandlage von rund 22.000 Quadratmetern Größe, eilt seiner Fertigstellung entgegen.

Fotos:TS Grömitz

Große Erlebnis- und Veranstaltungszentren entstehen im neuen Dünenpark direkt am Ostseestrand von Grömitz.

Im vorigen Sommer konnte der Surf Rescue Club seine Gäste begrüßen, ein hippes Hostel direkt am Strand, das nicht nur mit coolem Ambiente in die Zukunft der Hotellerie entführt: In der „Robot Kitchen" unterstützt etwa ein Kochroboter die Küchencrew. In der Badesaison hat hier in allerbester Sicht auf Strand und Meer die DLRG nicht nur ihre Hauptwache installiert, Rettungsschwimmer- und schwimmerinnen finden auch schicke Unterkünfte. Zahlreiche Neueröffnungen bekannter Namen machten dann im vergangenen Herbst die geschwungene neue Promenade endgültig zum Paradies für Shopper und Genießer – mit Boutiquen für Mode-Accessoires und Deko-Artikel und für Genießer vom Frühstückskaffee bis zum Sushi-Restaurant; alles für den perfekten Strandtag gibt es jetzt im „High 5"-Strandkiosk. Als Highlight der Saison 2024 eröffnet der Beachclub „Soul" mit Ganz-Jahres-Programm seine Türen: zur Sommerzeit in der angesagten Strand-Lounge mit den Füßen im Sand kühle Drinks bei Musik und Traumpanorama genießen, zu jeder Jahreszeit sich im Restaurant mit Café und Bar „auf der Landseite" entspannt verwöhnen lassen. Als krönender Abschluss des Mammutprojekts Dünenpark entsteht in der Dünenwelt – dem Konzept der „Ganzjahresdestination Grömitz" entsprechend – eine Indoor-Erlebniswelt für die ganze Familie: mit einem großen Indoor-Spielplatz, Themen-Bereichen für verschiedene Altersgruppen und Ninja-Parcours sowie einer Bowlingbahn; im Obergeschoss sind große Tagungs- und Veranstaltungsflächen geplant. ***www.groemitz.de***

DER STERNTAUCHER IST SEEVOGEL DES JAHRES 2024

Der kleine Vogel ist sehr scheu und meidet die Offshore-Windparks, darum fordert der Verein Jordsand den Ausbau von Windkraft mit Bedacht. Der Sterntaucher wird in der Roten Liste wandernder Vogelarten Deutschlands als stark gefährdet gelistet.

Der kleinste Vertreter der Seetaucherarten verdankt seinen Namen den weißen sternchenartigen Sprenkeln auf dem grauen Gefieder seines Winterkleides und seiner Art der Nahrungssuche: Von den Füßen propellerartig angetrieben, taucht er auf der Suche nach fettreichen Fischarten durchs Wasser.
Der Sterntaucher ist zirkumpolar verbreitet in Europa, über Asien bis nach Nordamerika. Zur Überwinterung kommen die in Skandinavien, Nordrussland, Spitzbergen und Grönland brütenden Vögel an die Nord- und Ostsee. Menschliche Aktivitäten sind eine große Belastung für den Vogel – besonders die Offshore-Windkraft. Bei der Ausweisung für Offshore-Windparks gibt es oft Überlappungen mit Verbreitungsgebieten von küstennah vorkommenden Seevogelarten wie dem Sterntaucher und auch dem Prachttaucher, da wichtige Lebensräume an bestimmte Kriterien wie eine geringe Wassertiefe und damit optimale Jagdbedingungen gebunden sind. Der Sterntaucher reagiert darauf sehr empfindlich. Sein Meide-Radius gegenüber Offshore-Windparkgebieten beträgt mehr als zehn Kilometer. Daher führt der Ausbau von Offshore-Windparks – auch in Kombination mit erhöhtem Schiffsverkehr – zu Habitatverlust, -verkleinerung und -verschiebung. Besonders im Bereich westlich von Sylt finden sich hohe Sterntaucher-Vorkommen, weswegen das Vogelschutzgebiet Östliche Deutsche Bucht und ein sogenanntes Seetaucher-Hauptkonzentrationsgebiet im Jahre 2009 ausgewiesen wurde. Dazu Dr. Veit Hennig vom Verein Jordsand: „Die Windkraft stellt ein wichtiges Element dar, um die Energiewende und die Ausbauziele der Bundesregierung voranzutreiben, bedeutet gleichzeitig aber auch einen massiven Eingriff in marine Ökosysteme. Deutschland muss in der Allianz für den internationalen Meeresschutz ein Verantwortungsbewusstsein zeigen, das Vorzeigecharakter hat."

Foto: Jordsand

Der Sterntaucher meidet Windkraftanlagen auf See.

Seit 116 Jahren hat sich der Verein Jordsand dem Schutz von Seevögeln an unseren Küsten verschrieben. Er betreut rund 20 Schutzgebiete vorwiegend an Nord- und Ostsee, von Helgoland über das nordfriesische und hamburgische Wattenmeer, die Unterelbe, bis zur schleswig-holsteinischen und vorpommerschen Ostseeküste rund um Rügen. ***www.jordsand.de***

DIE HANSESTADT „ERFAHREN"

Kurze Wege, flaches Land, grüne Strecken und viel zu sehen – kein Wunder, dass die Hansestadt Bremen so beliebt bei Radfahrenden ist.

Foto: WFB/Melanka,Helms,Jacobs

Bremen lässt sich bestens mit dem Fahrrad erkunden.

Zum dritten Mal in Folge verlieh der ADFC Bremen den ersten Platz im Klimatest als fahrradfreundlichste Großstadt. Was liegt bei rund 700 Kilometern Radwegen und Radfahrstreifen näher, als die Stadt auf zwei Rädern zu entdecken? Das Projekt „Bike it!" präsentiert erlebnisreiche Fahrradtouren auf ausgiebig beschriebenen Runden, bietet eine Routenplanung durch eine App, hilft beim Finden von Servicestationen und gibt Tipps für Veranstaltungen rund ums Radfahren. Mehrere neu entwickelte Radrouten machen das Entdecken der Hansestadt einfach. Mal weht Seefahrer-Flair, mal gibt es eine erdige Brise, hier wird man begleitet von Möwen, dort grasen Kühe entlang der Wege, Strecken zum Kennenlernen der Stadt auf dem Fahrrad oder auch zum Erkunden des Bremer Umlands, für alle ist etwas dabei! Die Strecke „Mittenmang & umzu" führt durch das Zentrum und die angrenzenden Viertel – immer wieder vorbei an sehenswerten Gebäuden und Zeugnissen bremischer Tradition. Wer die Stadt komplett hinter sich lassen möchte, nimmt Kurs auf das Bremer Blockland bei der Tour „Kuh, Knipp und Kult". Weite Felder erstrecken sich an den Deichen, und Autos sind hier nicht unterwegs. Karten gibts kostenlos in der BikeCitizens-App, bei der Bremen-Information und unter *www.bremen.de/bike-it* auf *www.bremen.de*

Fotos: Rainer Ganske

Wilhelmshaven urban. kantig. echt.

Den Tag mit einem Frühstück im gemütlichen Café starten, dann durch die Stadt bummeln, Fisch zum Mittag genießen, bei gesunder Nordseeluft einen entspannten Spaziergang am Strand unternehmen und anschließend eine Veranstaltung besuchen – all das geht in Wilhelmshaven.

Die Nordseestadt bietet eine ganz besondere Vielfalt und steht für wunderbare Kontraste, sie vereint pulsierendes Stadtleben mit maritimem Charakter. Die spannende Historie ist stets sicht- und spürbar, und dennoch ist die grüne Stadt am Meer modern, wandelbar und überraschend. Wilhelmshavener tragen den „Haven" im Herzen. Imposantes Wahrzeichen ist die Kaiser-Wilhelm-Brücke, und im Mittelpunkt der maritimen touristischen Attraktionen steht der Südstrand mit der einzigen Südstrandpromenade an der deutschen Nordseeküste. Zusammen mit dem Bontekai bildet er die „Maritime Meile". Hier reihen sich fünf fantastische Erlebniswelten aneinander. Küstenmuseum, Aquarium, Deutsches Marinemuseum, UNESCO-Weltnaturerbe Wattenmeer Besucherzentrum und Hafenrundfahrten mit der MS Harle Kurier bringen den Besuchern Wissens- und Staunenswertes rund um das Thema Meer näher. Außerdem können Besucher von Wilhelmshaven aus mit der Fähre für einen Tagesausflug auf die Hochseeinsel Helgoland fahren. Großveranstaltungen wie das Stadt- und Hafenfest „Wochenende an der Jade", das „Internationale StreetArt Festival" oder die Traditionssegler-Regatta „Wilhelmshaven Sailing-CUP" locken jedes Jahr Besucher aus nah und fern in die Hafenstadt. Besonders einmalig ist auch das „Living Statues"-Festival. Ende August sorgen rund zwanzig Künstler:innen als lebendige Statuen in der Fußgängerzone durch ein besonderes Zusammenspiel von Stand- und Bewegungsbildern für Staunen und Bewunderung. Ein breit gefächertes Programm, ausgezeichnete Unterkünfte und Restaurants lassen keine Wünsche offen und sorgen für einen abwechslungsreichen Urlaub. Mit seinen vielen maritimen, kulturellen und urbanen Attraktionen ist Wilhelmshaven zu jeder Jahreszeit eine Reise wert. *www.wilhelmshaven-touristik.de*

„Living Statues"-Festival.

UNGEWÖHNLICHES NATURSPEKTAKEL – POLARLICHTER ÜBER DEUTSCHLAND

Wer bisher glaubte, er müsse weit in den Norden, nach Skandinavien oder ganz bis Alaska reisen, um Polarlichter zu sehen, kann sich freuen, denn in diesem Jahr werden sich die Nordlichter auch an Deutschlands Nachthimmel zeigen. Besonders gut sind sie an der Nordseeküste zu sehen.

Polarlichter sind elektrisch geladene Teilchen des Sonnenwinds, die auf Atome in der oberen Erdatmosphäre treffen.

Mal sind sie gelb oder lila, mal grün oder rot – das Himmelsphänomen ist normalerweise nur nördlich des Polarkreises zu sehen. Zu beobachten sind Polarlichter am besten fernab hell erleuchteter Städte, bei klarer Sicht und unverstelltem Blick in Richtung Nordhorizont. Grund für das poetische Lichtspiel am Himmel sind Sonneneruptionen, deren energiegeladene Teilchen, wenn sie in die Atmosphäre der Erde gelangen, ein Leuchten erzeugen können, das in der nördlichen Polargegend Aurora borealis heißt, auf der Südhalbkugel Aurora australis genannt wird. Aufgrund der starken Sonnenaktivität könnte 2024 das Jahr der Polarlichter werden. Statistisch gesehen sind die Monate März und April sowie September und Oktober die beste Zeit, um dieses beeindruckende Schauspiel sehen zu können. Dann ist nämlich die Erdachse so zur Sonne geneigt, dass die Wahrscheinlichkeit von Sonnenstürmen steigt, deren Teilchen vom Magnetfeld der Erde angezogen werden. Man braucht für die Beobachtung nicht nur klare, dunkle Nächte, sondern auch etwas Glück. Bekannt für ihre dunklen Nächte sind die Inseln Pellworm und Spiekeroog im UNESCO-Weltnaturerbe Wattenmeer. Sie wurden 2021 von der International Dark-Sky Association (IDA) als erste Sterneninseln Deutschlands ausgezeichnet. Beide Inseln haben sich dazu verpflichtet, ihre Nachtlandschaft durch eine Einschränkung der künstlichen Beleuchtung zu erhalten, sodass man den imposanten Sternenhimmel hier noch so gut wie bei natürlicher Dunkelheit erleben kann. Auf den beiden Sterneninseln lassen sich Polarlichter sicher besonders gut beobachten. Aber auch die Milchstraße in ihrer imposanten Schönheit zu erleben ist schon eine Nachtwanderung wert.

Fotos:LM/U.Schaper

Nordlichter zeigen sich immer nur für wenige Minuten.

Salzwassersüchtig

IM KAJAK ÜBER DIE NORDSEE!

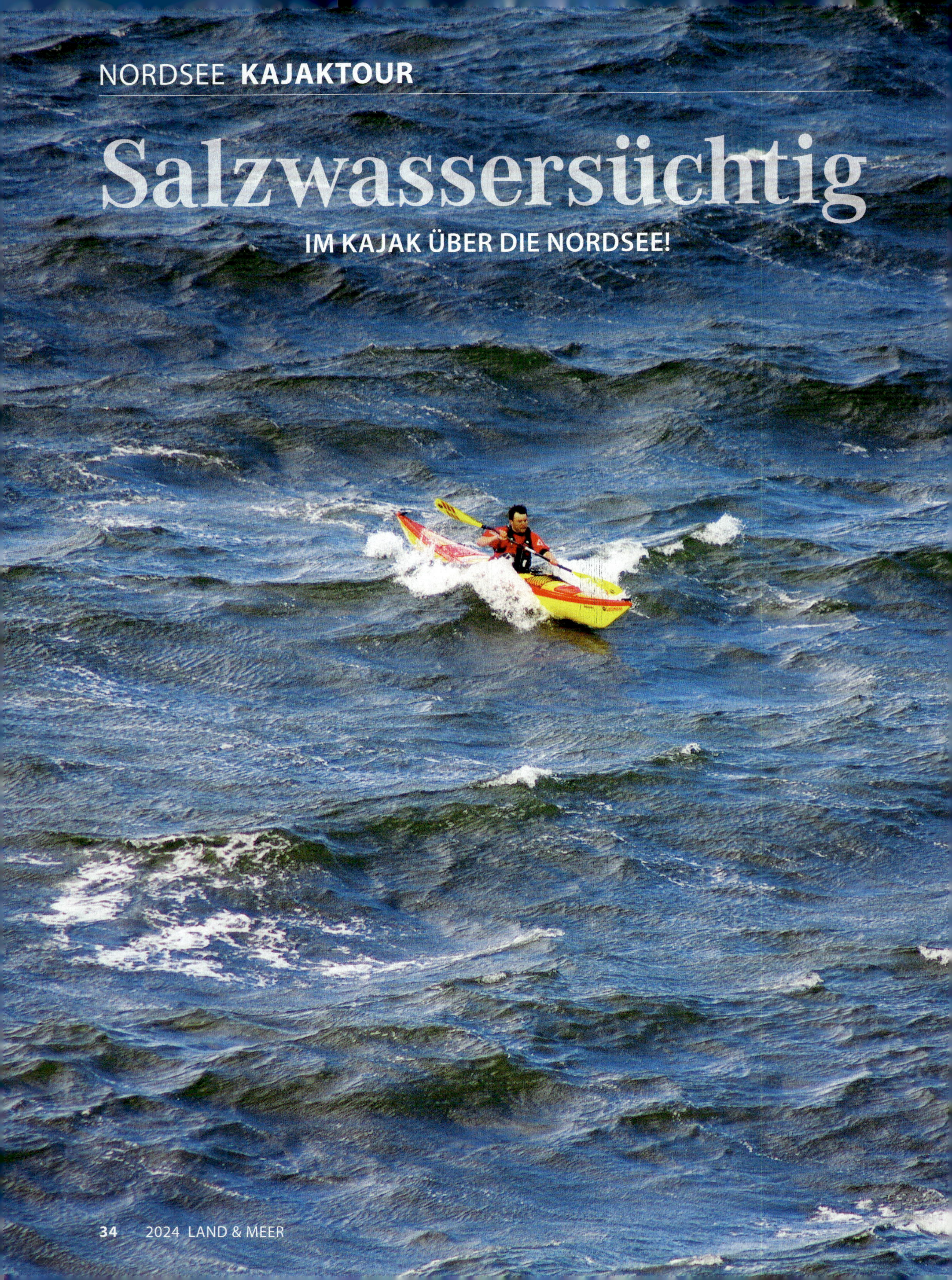

423 Kilometer über die Nordsee: „Da wird einem klar, wie klein der Mensch gegenüber der Natur doch ist!", so Autor und Kajak-Fan Jörg Knorr.

Jörg Knorr (62) und Bernhard Nast (69) paddelten über die Nordsee: Von Borkum bis zur dänischen Grenze passierten sie die Schifffahrtsstraße der Deutschen Bucht und besuchten die Nordseeinseln. Die beiden Flensburger zieht es regelmäßig an die Ost- und Nordsee, wo sie abhängig von Wind und Strömung zu neuen spannenden Ufern paddeln.

Eigentlich könnten wir alles in einem Törn schaffen", so Jörg. Der freiberufliche Reisejournalist muss seinen Freund nicht lange überreden, auch dieser ist sofort begeistert von dem Plan, die Nordsee von den Ostfriesischen bis zu den Nordfriesischen Inseln paddelnd zu queren. Kurzerhand schnallten die zwei Männer ihre Kajaks aufs Auto, machten sich auf nach Norddeich und paddelten in 19 Tagen 423 Kilometer über See.

KLEINE ROLLE AUF GROSSER BÜHNE

Jörgs Logbucheintrag erzählt: Um an Deutschlands westlichster Insel loszulegen, machen wir nach dem Start in Norddeich noch einen Schlenker nach Westen und verbringen eine Nacht auf Borkums Strand. Wir wollen mit auflaufendem Wasser weiter nach Juist.

Alle Fotos: Jörg Knorr

Zwischen den Inseln passieren die Kajakfahrer die engen Wattenfahrwasser, bevor es auf das offene Meer geht.

Erst mittags passt es – und mit wenig Wind und vorteilhafter Strömung erreichen wir Juist viel schneller als erwartet. Wir dürfen unsere Zelte auf einer kleinen Wiese am Segelverein aufbauen. Mit weiter Sicht über die Nordsee wird das Paddeln immer wieder zu einem großartigen Erlebnis. Wasser und Himmel bilden eine

Übernachtung im Zelt auf der Wattenmeerinsel Neuwerk, die seit 700 Jahren zur Hansestadt Hamburg gehört.

Pausenplatz am Eingang zum Leuchtturm Hohe Weg.

überdimensionale Bühne, auf der täglich mehr oder weniger das gleiche Programm der Gezeiten läuft, dem man sich kompromisslos unterwerfen muss. Gerade im Kajak wird einem dabei klar, wie klein der Mensch gegenüber der Natur doch ist!

MAL RÜBER NACH HAMBURG-NEUWERK

Die Kette der Ostfriesischen Inseln liegt hinter uns. Wir haben eine lange Pause auf die perfekte Strömung wartend auf Wangerooges Oststrand verbracht und peilen jetzt den Leuchtturm Hohe Weg an. Anhaltender Seenebel erschwert die Navigation. Wir gleichen das ungute Gefühl, ohne Sicht zu paddeln, mit dem GPS-Gerät aus, das uns genau den Weg weist. Dann endlich ist er zu sehen, der Leuchtturm, der jetzt auf einer kleinen Insel aus Austernschalen thronend auftaucht. Erst als die Sicht wieder klarer wird, werden wir uns unseres privilegierten Pausenplatzes bewusst und kommen uns vor, als ob wir in einer VIP-Loge säßen.

Hoher Seegang und zwischen den Wellen kein Land in Sicht. Die Tagesetappen sind manchmal lang auf der Nordsee.

Warten auf Wasser!
Ebbe im Pril vor Friedrichskoog an der schleswig-holsteinischen Westküste.

Zelten am Strand mit vollem Seeblick

Hallig Hooge bietet Nordseefahrern Idylle und Komfort. Zu vier Tagen Zwangspause zwingt der stürmische Wind.

Unser nächstes wichtiges Zwischenziel heißt Neuwerk. Über Spieka-Neufeld queren wir das Jade- und Weser-Fahrwasser. Drei Tage paddeln wir von Wangerooge bis Neuwerk. Auf der letzten Sandbank verbringen wir zwei Stunden mit Warten auf Hochwasser. Für die letzten paar Hundert Meter fehlt uns etwas Wasser, sodass wir jetzt umständlich durch das Watt stapfend vollkommen mit Nordseeschlick verdreckt endlich den Neuwerker Hafen erreichen. Eugen, ein Skipper, der zum hiesigen Segelverein gehört, und mit seiner Frau Christina auf seinem Boot, der „Nige Oog“, sitzt,

An den Priggen entlang führt das Fahrwasser bis nach Friedrichskoog an der Westküste Schleswig-Holsteins.

kommt zu uns und begrüßt uns freundlich. Wahrscheinlich erzeugen wir wegen der späten Stunde und angesichts unseres Aussehens einiges Mitleid. Wir bekommen die Sondererlaubnis, eine Nacht im Vereins-Container schlafen zu dürfen und können uns so den Weg zum Zeltplatz sparen. Wieder einmal, wie schon so oft, zeigt sich, dass Menschen auf etwas abgelegenen Inseln besonders freundlich und hilfsbereit sind. Das bestätigt auch Hartmut, Betreiber des Neuwerker Kaufmannsladens, wo wir morgens zusammen mit Christina und Eugen ein zweites Frühstück genießen und uns zu früher Stunde von Hartmut zu einem original Neuwerker Eiergrog einladen lassen. Danach ziehen wir auf den Zeltplatz um und bleiben noch eine Nacht auf Neuwerk. Immerhin sind wir hier in Hamburg gelandet, Neuwerk ist offizieller Stadtteil des Bezirks Hamburg-Mitte.

DAS LANGE ENDE BIS ST. PETER-ORDING

Cuxhaven und Friedrichskoog sind weitere Etappenstationen, wo wir die Nächte im Zelt verbringen. Gerade zieht sich unsere Tagesetappe etwas zäh über den Tag, zumal wir auf genügend Wasser wartend erst Viertel

Reichlich Platz für Wasserwanderer bietet Hallig Hooge.

vor eins in Friedrichskoog aufbrechen können. Anfangs schiebt uns der Strom optimal in die richtige Richtung. Später werden wir zwischen den flachen Nordseesänden von gegenläufigem Wasser ausgebremst und müssen hinter der Eidermündung eine Zwangspause einlegen. Unser Tagesziel St. Peter-Ording erreichen wir erst mit dem letzten Sonnenlicht nach knapp 50 Kilometern an einem anstrengenden heißen Tag. Die Zelte und Faltstühle können im Boot bleiben. Wir bereiten unser Bett aus Matte und Schlafsack auf einer Strandkorb-Plattform aus. Im Nachbar-Strandkorb sitzt ein junges Pärchen, das unser Ankommen beobachtet hat. Die beiden lassen uns schließlich mit einer freundlichen Respektbekundung, eine halbe Flasche Rotwein da. So bekommt auch dieser anstrengende Tag noch einen würdigen Abschluss. Bernhards Gesicht strahlt Zufriedenheit aus, als er mir grinsend seinen Becher mit dem gespendeten Rotwein entgegenstreckt: „Prost Jörg. Auf die Gesundheit und ein langes Leben."

SCHIMMELWURST AUF HALLIG HOOGE

Am Hafen von Süderoog machen wir die letzte Pause, die nicht zu lang ausfallen darf, da wir noch mit auflaufendem Wasser den Hafen Hooge erreichen wollen. Das letzte Stück wird echte Schwerstarbeit gegen den auffrischenden Wind. Zur Belohnung wartet aber ein schöner Komfort auf uns: ein Hallig-Hafen, der gemütlicher kaum sein kann, mehrere Einkehrmöglichkeiten und ein Edeka-Markt. Dazu viel Raum, um sich die

Große Containerschiffe auf dem Weg in die Elbmündung.

beim Paddeln kaum beanspruchten Beine zu vertreten und ein großartiges Hallig-Feeling, das die Sinne in den Cool-down-Modus versetzt. „Hier lässt es sich aushalten", bestätigt Bernhard, als unsere Zelte bezugsfertig aufgestellt sind. Hunger meldet sich als zweistimmiges Magenknurren. Bernhard stellt großspurig in Aussicht, aus seiner letzten Kochwurst einen reichlichen Topf Futter zu kreieren, muss sich allerdings kurz darauf kleinlaut entschuldigen: „Die Kochwurst hat einen Pelz bekommen. Die können wir vergessen." Meine Enttäuschung hält vielleicht zwei Sekunden an. Da unser Hunger aber zeitnahen Aktionismus erfordert, einigen wir uns darauf, das gastronomische Angebot von Hooge zu testen und machen uns auf den Weg zum Friesenpesel. Zu vier Tagen Zwangspause zwingt uns nun der Wind. Wir sehen das Positive der Situation: „Kneipe, Supermarkt, morgens frische Brötchen, schöne Umgebung und fließend Wasser am Zelt – es hätte schlimmer kommen können", meint Bernhard.

SYLT FÜR ARME

Anders als vorhergesagt beginnt unser vierter Tag auf Hooge mit wenig Wind. Wir leiden nach zwei Landtagen ohne Nordseekontakt unter Paddel-Entzug. Die Entscheidung, die Boote zu packen, fällt fast simultan im Handumdrehen. Nur 30 Minuten später verlassen wir den Hafen und peilen Amrum an. Die Strömung verhilft uns zu einer ansehnlichen Spitzengeschwindigkeit, sodass wir schneller als erwartet am Strand vor Norddorf anlanden. Nach einem Spaziergang in

Endlich angekommen! Zwischen Sylt und der dänischen Insel Rømø queren wir noch das Fahrwasser der Fährlinie.

den Ort mit Pizza, Kaffee und Eisbecher als Energienachschub entscheiden wir, noch weiter nach Sylt zu paddeln. An einem schmalen Strand unmittelbar vor der Hafeneinfahrt von Hörnum ziehen wir die Kajaks auf ein hochwassersicheres Level und machen es uns auf der Mole bequem, wo man uns kaum sehen kann. Schon beim ersten Spaziergang merken wir, dass wir in unseren Paddlerklamotten nicht wirklich sylttauglich sind. Ich bin das dritte Mal auf Sylt. Immer bin ich mit dem Kajak hier gewesen und habe im Zelt übernachtet. Vergleicht man aus der Perspektive des Paddlers Hooge und Sylt, kommt man sich auf letzterer Insel irgendwie falsch platziert vor. Bernhard hat ein praktikables Rezept für unseren Sylt-Aufenthalt parat: „Lass uns einfach am Strand bleiben und die Sylter Natur von dort genießen." „Gute Idee", bestätige ich Bernhards Plan und so gibt es ein vorletztes Low-Budget-Nachtlager.

PRIMITIVO AM STRAND

Für unseren finalen Abend liegt ein Fläschchen Rotwein im Boot. Vergleichbar mit Linie-Akvavit schaukelten wir den guten Tropfen 34 Kilometer an Sylts Außenküste durch das Nordseewasser. Alles stimmt. Grandioses Wetter begleitet uns, die Strömung läuft wie es sein muss, seitlicher Wind sorgt für etwas Erfrischung und unser Paddelrhythmus ist mit einem Uhrwerk vergleichbar, das nicht so schnell aus dem Takt gebracht werden kann. Eine Pause bei Westerland reicht, um die Kraftreserven aufzufrischen. Auch dieses Mal meiden wir ganz bewusst den Gang in die Stadt. Ein Stück nördlich von Wenningstedt endet der vorletzte Paddeltag.

Wir resümieren ein bisschen und stellen übereinstimmend fest, dass die vergangenen 18 Tage uns ein weiteres Mal vor Augen geführt haben, dass es sich lohnt, neugierig zu bleiben, Herausforderungen anzunehmen und sich auf nicht Vorhersehbares einzulassen. Man wird dafür reich belohnt mit Erlebnissen und Erfahrungen, die im Idealfall mit Glücksmomenten und Zufriedenheit einhergehen. Das Leben fühlt sich richtig gut an! „Morgen noch rüber zur Insel Rømø und das war's dann", seufzt Bernhard. Ich klappe den Korkenzieher aus meinem Taschenmesser. Den Inhalt der behutsam im Nordseewasser geschaukelten Flasche Primitivo dekantiere ich direkt in die Becher: „Prost, man könnte es schlechter haben."

Das wohlige Seufzen nach dem ersten Schluck als Fazit der letzten zweieinhalb Wochen ist bezeichnend – es war abenteuerlich schön! ***www.kajaktraum.de***

Insel Borkum aktiv!

Strand- und Wassersport im UNESCO-Weltnaturerbe Wattenmeer

Strandsegeln über den weiten Borkumer Strand gehört zu den beliebtesten Sportarten auf der Insel.

Sonne, Wind und Meer sorgen das ganze Jahr für beste Bedingungen, um Strandsegeln, Kitesurfen, Wellenreiten und noch vielen weiteren Sportarten nachzugehen.

Mehr als genug Gründe für sportlich aktive Urlauber Jahr für Jahr, an Borkums Strände zu kommen, um ihrer Passion zu folgen. Die idealen Bedingungen auf dem Eiland sind auch über die Grenzen Deutschlands hinaus bekannt. Surfer, Kiter und Strandsegler aus der ganzen Welt kommen auf die größte der sieben Ostfriesischen Insel, um ihrem Hobby nachzugehen oder sich auf Wettkämpfe vorzubereiten. Nicht ohne Grund begrüßt Borkum seit 2021 wieder jährlich am Fronleichnams-Wochenende die Windsurfelite zum Multivan Windsurf Cup. Der Spot hat die Veranstalter derart begeistert, dass 2023 erstmalig parallel die Slalom-Europameisterschaft auf Borkum stattfanden. Auch das Teilnehmerfeld für 2024 verspricht hochklassigen Wassersport.

Fotos: TI Borkum

Seehundkolonien bestimmen das Bild auf den Sandbänken vor der Nordseeinsel.

Es lässt sich aber nicht nur gut im Wasser sporteln, auch der feste Boden unter den Rädern hat einiges zu bieten. Das wissen vor allem die die Strandsegler, Kitebuggyfahrer und Kitelandboarder, die Jahr für Jahr nach Borkum fahren, um ihrem Hobby – oder auch Pokale – nachzugehen. Die internationale Strandsegelregatta „Libre Interna-

Die Nordseeinsel Borkum hat sich in den vergangenen Jahren als Wind- und Wassersportmekka an der deutschen Nordseeküste etabliert. Die Bedingungen könnten dort nicht besser sein, liegt die Insel doch im UNESCO-Weltnaturerbe Wattenmeer und verfügt aufgrund der rund 40 Kilometer Abstand vom deutschen Festland über ein mildes Hochseeklima.

Bei einer Fahrradtour durch das UNESCO-Weltnaturerbe Wattenmeer kann man hervorragend abschalten.

tional" machte im vergangenen Jahr Halt auf Borkum, was zweifelsohne als Ausrufezeichen für die örtlichen Bedingungen im Strandsegeln zu verstehen ist. Wer sich einmal selbst auf dem Wasser oder an Land ausprobieren möchte, der ist bei den Wind- und Wassersportschulen von „ÖY" und „World of Wind" genau richtig. Die Kursangebote der beiden Schulen sind vielfältig: Wellenreiten, Windsurfing, Wing Foilen, Kitelandboarding, Kitebuggyfahren oder Strandsegeln, für jeden und jeden Alters ist etwas dabei. Als eine von nur zwei Strandsegel- und Kitebuggyschulen in Deutschland, bietet „World of Wind" Kurse zum Pilotenschein im Strandsegeln an.

Auf Borkum können Urlaubsgäste Windsurfing und zahlreiche weitere Wassersportarten erlernen.

Mein Sylt

TIPPS AUS ERSTER HAND

von Bestsellerautorin Gabriella Engelmann

Foto: pixabay.priv.

Gabriella Engelmann schreibt ihre Romane auf Sylt. Zurückgezogen in der Natur der Nordseeinsel hat sie die besten Ideen. Ihre Bücher entstehen am Meer, aber auch im Kontakt mit Einheimischen und Gästen von Deutschlands nördlichster Insel. Für LAND & MEER hat sie ihre Inspirationsquellen zusammengefasst und verrät, wo es auf Sylt am schönsten ist.

Foto: T.Duffé

Sylt-Sehnsucht verspürt Gabriella Engelmann, wenn es wieder Zeit für eine inspirierende Reise zu ihrer Nordseeperle im Wattenmeer ist. Hier am Meer schreibt sie ihre Romane. Denn sie liebt Sylt – egal, zu welcher Jahreszeit.

Seit ich zwanzig bin, gilt meine Liebe der Nordseeinsel Sylt. Hier fahre ich hin, wenn der Alltag zu fordernd wird, wenn ich für meine Romane recherchiere oder bei Veranstaltungen Leserinnen und Leser treffe. Meine liebste Reisezeit ist die Nebensaison, es gibt kaum etwas Besseres, als die Tage, wenn die Insel zur Ruhe kommt, oder im Frühling nach dem traditionellen Biike-Brennen zu neuem Leben erwacht. Ich freue mich, Ihnen meine persönlichen Wohlfühlorte zeigen zu dürfen.

LIST – IM NORDEN GANZ OBEN

Listland ist atemberaubend, und man fühlt sich dort wie am Anfang und Ende der Welt zugleich. Wer gern dort übernachten möchte: Die FeWos Uthörn zeichnen sich durch eine wunderschöne Lage gegenüber der

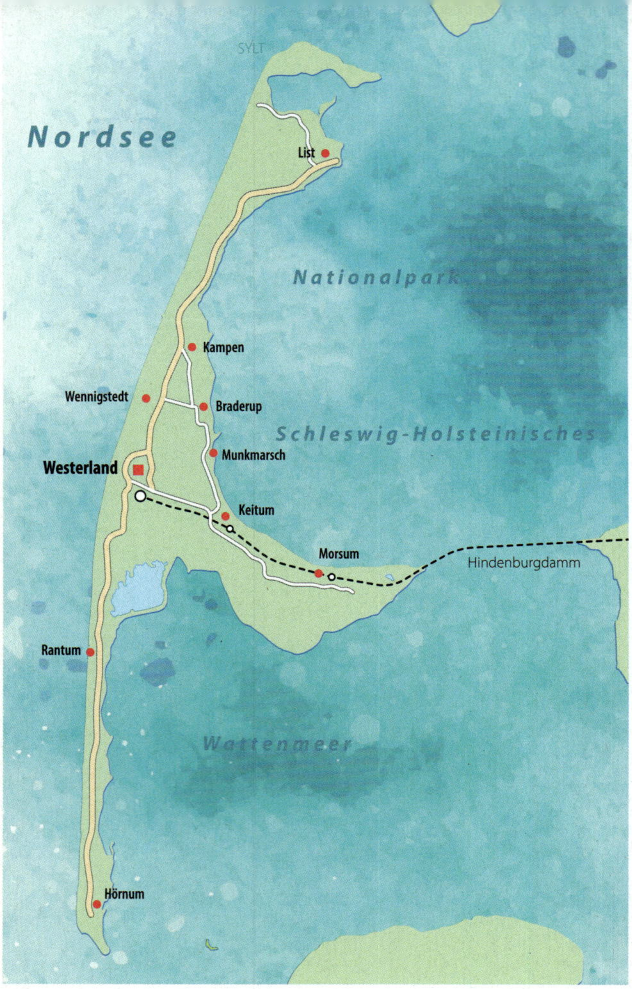

Fotos: T.Ameis,H.Vogt,S.Conrad,Fotolia,Karte: L.Backer Dirks

Uthörn und der Ellenbogen sind die nördlichsten Orte Deutschlands und schenken einen weiten Blick.

Lohnt einen Spaziergang, das Leuchtfeuer List-Ost am Sylter Ellenbogen.

Vogelschutzinsel Uthörn und durch himmlische Ruhe aus. Strandkörbe auf der Seeterrasse mit Blick auf Dünen und das Wattenmeer laden zum Innehalten ein. Hier erlebt man traumhafte Sonnenauf- und untergänge, während Zwergseeschwalben über die Nordsee fliegen. Manchmal schauen auch Schafe neugierig vorbei, und man kann beim Füttern der Flaschenlämmer helfen. Wer gern Brötchen isst, gibt einfach eine Bestellung beim Vermieter auf, und wird morgens mit knackfrischem Backwerk versorgt.

Saunaliebhaber:innen steht eine Fasssauna zur Verfügung. Der Ellenbogen ist zudem ein Paradies für Kiter- und Surfer:innen. Einen besonderen Anblick bietet die Sylt-Fähre, wenn sie scheinbar über dem Sand zum Lister Hafen gleitet. Diese Art der Anreise ist Entschleunigung pur. Wer mag, gönnt sich an Deck ein Hotdog und schaut vom schwimmenden Strandkorb aufs Meer.

Lister Ellenbogen: Hier treffen Wattenmeer und tosende See aufeinander, mit Glück sieht man Seehunde und trifft nur wenige Menschen. Von hier aus kann man bis Kampen laufen, und die Steilküste bewundern, die sich majestätisch über dem hellen Sandstrand erhebt. Ein heißer Tee oder ein Sundowner auf der Düne im Kaamps 7 sind für mich ein Muss, da man hier windgeschützt sitzt.

DEM HIMMEL SO NAH ...

Wer Leuchttürme liebt, kann seiner Foto-Leidenschaft hemmungslos frönen. Die Leuchtfeuer Ost und West am Ellenbogen, das Quermarkenfeuer, der „Lange Christian" in Kampen und der Hörnumer sind eine wahre Augenweide und zudem lebenswichtige Signalgeber. In **Hörnum** finden im Sommer rund um das Leuchtfeuer Flohmärkte statt, hier lohnt sich das Stöbern.

In Sylts Norden erlebt man schönste Sonnenuntergänge.

Die Braderuper Heide lädt zu einer Wanderung zwischen Braderup und Kampen mit Einkehrmöglichkeit in der Kupferkanne und Blick auf das Wattenmeer.

Unten: Eines der schönsten Ausflugsziele ist der gemütliche Kaffeegarten bei „Oma Wilma" in Keitum.

Fotos:T.Ameis,FM,Rathge

Frühstücken bei frischer Nordseeluft – das Hotel Fährhaus Munkmarsch liegt 20 Gehminuten von Braderup entfernt.

Das **Naturschutzgebiet Braderuper Heide** ist einzigartig, besonders im Juli/August, wenn die Heide einen lilafarbenen Teppich über die Landschaft breitet. Hier sieht man Kühe, die friedlich auf der Wattseite grasen, lauscht verzückt dem Gesang der Austernfischer und Seeschwalben, bestaunt das sanft im Wind wogende Seegras und die blühenden Heckenrosen. Wer himmlische Ruhe sucht, ist an diesem Strand goldrichtig.

DIE RUHE GENIESSEN

In **Westerland** freue ich mich auf meine liebste Wohlfühloase: das Hotel Stadt Hamburg. Mit seinem kleinen, aber feinen Wellnessbereich, dem Schwimmbad, freundlichem Personal und individuell eingerichteten Zimmern, ist diese Unterkunft ein kleines Juwel. Langschläfer können bis 16 Uhr frühstücken oder spät abends einen Cocktail in der stylishen Bar Hardy's genießen. Die Küche ist hervorragend, ich liebe den Klassiker „Holsteiner Kartoffelsuppe".

In der Vorweihnachtszeit ist es hier besonders kuschelig: Dann schmückt ein Tannenbaum das gemütliche Kaminzimmer, an dessen Schreibtisch ich einen meiner Sylt-Romane geschrieben habe.

Schräg gegenüber befindet sich in der Strandstraße die Kinowelt, wo man in vier Sälen bei schlechtem Wetter aktuelle Filme schauen und Popcorn naschen kann.

Wer sich Zeit zum Lesen nehmen möchte, hat auf Sylt viele Möglichkeiten, Bücher zu kaufen. Meine persönliche Empfehlungen sind die Badebuchhandlungen in Westerland und Wenningstedt sowie das Buchhaus Voss (jetzt Thalia) und der „Bücherwurm" in Westerland. Für Literaten außerdem die „Büchertruhe" in Keitum sowie die „Bücherdeele" mit neuem Standort im Souterrain des Kaamp Hüs in Kampen.

Wenn ich nicht beruflich auf der Insel bin, wähle ich **Keitum** als Rückzugsort. Traditionell nehme ich zuerst den Wattweg über die Lügenbrücke Richtung Munkmarsch zum 1894 erbauten Hotel Fährhaus Sylt und

Morsum-Kliff bietet eine weite Sicht und einen Blick in die Vergangenheit mit seinen verschiedenen Gesteinsschichten.

spaziere danach an den Hafen. Der Rückweg führt mich zur Keitumer Kirche St. Severin und auf den Friedhof mit den „sprechenden Grabsteinen“. Dies ist ein magischer Ort, genau wie der Dünenfriedhof in List.

Danach bummle ich durch das zauberhafte Kapitänsdorf mit den Friesenhäusern, schaue bei Stil & Blüte nach Mitbringseln oder gönne mir einen hübschen Strauß für die FeWo. Zur Krönung gibt es eine Stärkung auf der Terrasse von Nielsens Kaffeegarten oder bei Oma Wilma. Natürlich ist auch die Kleine Teestube ein Muss, nirgendwo schmecken die Waffeln so köstlich. Keitums beschaulicher Nachbarort **Morsum** bietet eine Attraktion, die man keinesfalls verpassen sollte: das Kliff. Die verschiedenfarbigen Gesteinsschichten und der atemberaubende Blick übers Wattenmeer vom Panoramarundweg aus sind einzigartig. Ebenso das angrenzende Dünengebiet, das „Klein Afrika“ genannt wird. Besonders angetan hat es mir der eher bescheidene Ort **Hörnum**, mit dem pudrig-weißen Strand und den eindrucksvollen Tetrapoden an der Südspitze.

Foto: SM/R.Mirau

Küstenschutz ist auf Sylt ein wichtiges Thema, denn die Insel wird immer wieder von Stürmen bedroht. Als Auftakt oder Abschluss des Spaziergangs sollte man sich unbedingt ein Fischbrötchen am Hafen kaufen und sich damit – Ja, das ist erlaubt, wenn man vorher nett fragt – auf die Terrasse des Hafen-Kiosks setzen und bei einem Getränk den Ausblick genießen. Urig geht es ebenfalls im Restaurant Südkap zu – eine charmante Adresse, auch wenn es stürmt.

Ich hoffe, die kleine Insel-Tour hat Ihnen gefallen. Viel Freude beim Erleben und Genießen wünscht Ihnen Gabriella Engelmann!

WEITER GEHT'S IM SEASIDEMAGAZIN 2024
– im 2. Teil verrät Gabriella Engelmann viele neue Tipps zum Sylt-Erleben für Jung und Alt!

DIE SYLT-ROMANE DER AUTORIN

Gabriella Engelmann schreibt ihre Romane nicht nur auf Sylt, sondern viele handeln auch auf ihrer Lieblings-Nordseeinsel: *www.gabriella-engelmann.de*

Öfter mal was Neues

Trotz Fachkräftemangel, Mehrwertsteuer-Erhöhung und allgemeiner Kostenexplosion – Sylts Gastronomen eröffnen unverdrossen neue Restaurants, überraschen mit neuen Küchen-Konzepten. LAND & MEER stellt hier einige neue Genuss-Adressen vor und wünscht „Guten Appetit"!

Leckeres serviert Familie Rossel nun in Hörnum.

LANDFEIN IN HÖRNUM

Sie sind „die Neuen" im Sylter Süden: Hoch auf Hörnums Westdüne haben Jost und Roman Rossel im vorigen Herbst ihr Restaurant „Landfein" eröffnet. Gastronomische Sylt-Erfahrung sammelte das Vater-und-Sohn-Gespann, bis dato erfolgreiche Gastgeber im Hochsauerland, bereits in der Vergangenheit: Jost einst im damaligen Jetset-Hotspot Gogärtchen, Roman Jahre später im charmanten Samoa Seepferdchen. Und beide verliebten sich in Deutschlands nördlichstes Eiland – eine Liebe, die mit dem „Landfein" nun ein Happy End gefunden hat. Lässig und ungezwungen präsentiert sich die Atmosphäre in dem modernen Holzbau im Wintergartenstil mit seiner windgeschützten Terrasse. Bewusst wurden im „Landfein" auf Schnörkel und Chichi verzichtet – das einzigartige Traumschiff-Panorama soll die Hauptrolle spielen. „Frisch, frech, überraschend und querbeet" hat die junge engagierte Küchencrew um die beiden Rossels zum Motto ihres appetitlichen Tuns erklärt. Die Tageskarte bietet neben leckeren Snacks, Suppe und Salaten, Urlaubslieblinge wie Milchreis und frische Waffeln. Am Abend hat sich bereits als Hit das Überraschungsmenü etabliert: Nur den Hauptgang wählen die Gäste, der „Rest", also alle weiteren Gänge – sei es regional, rustikal, orientalisch oder auch vegan – wird dem Team in der Küche überlassen: Garant für genussvolle Entdeckungen. Auf ihren Weinkeller sind die beiden Rossels besonders stolz: Hier gilt es neben Lieblingstropfen Neues, Exoten und Besonderheiten zu entdecken. ***www.landfein-sylt.de***

TIPKEN'S BY NIELS HENKEL IN KEITUM

Bekannt für seine unprätentiöse, exzellente Kulinarik in zwangloser Atmosphäre präsentiert das Restaurant Tipken's im Severin's Resort & Spa in Keitum sein neues Küchen-Konzept: die „Pure Nature"-Küche von Niels Henkel. Für den Standort Sylt hat der vielfach ausgezeichnete Pionier der modernen Gemüseküche eine Variante seiner Flora- und Fauna-Küche entwickelt. Auch hier setzt der kreative Gemüsekoch den Fokus auf regionale, saisonale Zutaten: Da stehen häufig alte Gemüsesorten wie die Ur-Karotte und wilde Kräuter aus der Region als Hauptdarsteller seiner Flora-Gerichte im Mittelpunkt, Fisch und Fleisch treten bei mehreren Gerichten eher als sinnvolle Begleitung auf. Niels Henkel wird regelmäßig auf Sylt präsent sein, um den Gästen die wechselnden Menüs vorzustellen. Vor Ort ist Henkels langjähriger Mitarbeiter René Verse mit Küchenchef Uwe Benkowsky in engagierter Doppelspitze „hinter den Kulissen" tätig.

www.severins-sylt.de

Fotos: Landfein,Nils Henkel,Stefan O.Huemer

STRANDHAFER IN WENNINGSTEDT

Endlich: An Wenningstedts Strand gibt es wieder ein Strandbistro! Ein Sandrutsch hatte das vorige Gebäude komplett zerstört und wurde 2020 abgerissen. Von da an herrschten Hunger und Durst an Wenningstedts Haupttreppe: Ein Neubau musste her! 13 Interessenten bewarben sich um dieses Objekt in begehrter Strandlage – den Zuschlag bekam ein Österreicher mit reichlich internationaler Erfahrung und einem nachhaltigen Konzept: Stefan O. Huemer. Aufgewachsen im Salzburger Hotel seiner Eltern, machte er sich auf, die Luxushotellerie rund um den Globus für sich zu erobern, um schließlich auf Sylt zu landen. Stefan O. Huemers Konzept für seinen „Strandhafer" steht auf drei Säulen: ein Kiosk, ein Bistro und ein Abendrestaurant. Als Leiter dieses appetitlichen Trios holte sich Huemer zwei gastronomische Experten an Bord: Dieter „Jusi" Jensen als Küchenchef und als Restaurantleiter Frederik Wiegleb; beide seit Jahren an Sylter Top-Adressen erfolgreich tätig. Der Kiosk bietet Strandbesuchern eine breite Palette von Snacks „to go", alle in kompostierbaren Verpackungen, bequem aus dem Strandkorb zu bestellen durch ein spezielles QR-Code-System.

Gelegen in Wenningstedt direkt am Weststrand.

Auf der großen Sonnenterrasse mit Panoramablick lädt das Bistro, geschützt durch eine Glasfassade, das ganze Jahr über zum lockeren Lunch und zu leichten Gerichten ganz nach Saison. Im Abendrestaurant empfängt die Gäste entspannende Lounge-Musik. Das Küchenteam verwöhnt mit anspruchsvollen Gerichten wie dem Sylter Lammkarree bis hin zu köstlichen Nordseespezialitäten.

www.strandhafersylt.de

INSELWEIT KURZ SERVIERT

PINOCCHIO ist wieder da! Nach Gebäudeabriss in der Bismarckstraße präsentiert sich das Szene-Restaurant in Westerlands Boysenstraße in neuem Glanz. Das ehemalige Künstlercafé wurde komplett saniert, im Innenbereich sorgen warme Naturtöne und Holzelemente für behagliche Atmosphäre, zu stimmungsvollen Sommerabenden lädt der Außenbereich mit einem romantischen Brunnen. Kulinarisch ist das Angebot gewohnt reichhaltig: saftige Steaks, frische Meeresfrüchte und Fisch, Pasta und die beliebte Pizza aus dem Steinofen. ***www.pinocchio-sylt.de***

Griechenland lässt grüßen! Als lukullische „Dependance" der sonnenverwöhnten Ägäis-Insel lädt das neue SANTORINI in Westerlands Wilhelmstraße. Hier hat die berühmte griechische Gastfreundschaft ihren Platz gefunden, mit hellem, ungezwungenen Ambiente innen und lässig arrangierten Plätzen vor dem Haus – vertrautes Bild vom Lieblingsrestaurant im Urlaub im Süden. Die Küche gibt sich klassisch mit Meeresfrüchte-Variationen, mit den traditionellen Gyros-Spezialitäten und Pfannengerichten. ***www.santorini-sylt.de***

Direkt an Rantums beliebtem Campingplatz hat sich das neue TO GAO mit der Versprechung „Fine Sushi & Asian Cuisine" eingerichtet. Bereits in Husum, in Hamburg und auf Rügen hat das stilvolle Restaurant mit seinem köstlichen Programm erfolgreich aufgekocht – für Sylt wurde sogar eine spezielle Menüfolge entwickelt. Freunde der östlichen Küche finden hier die komplette Palette asiatischer Kochkunst: Vietnam, Japan, Thailand, Indonesien und Singapur sind vertreten, mit geliebten Klassikern über Fingerfood bis zur aktuellen Donburi-Sushi-Bowl. ***www.togao.de***

Nachdem Gastronom Tim Becker, in Hamburg höchst vielseitig aktiv, das legendäre Pony in Kampen vor vier Jahren wieder auf Trab gebracht hat, startete er mit

Klassische Gerichte mit Meeresfrüchten und regionale Spezialitäten in Lists neuer Strandhalle.

Geschäftspartner Tom Kinder im Sylter Norden kurz vor dem Lister Ellenbogen eine ähnlich Aktion in der ehemaligen Weststrandhalle. Mit viel Liebe zum Detail wurde das charaktervolle Holzhaus renoviert – jetzt empfängt die STRANDHALLE mit moderner Eleganz; das engagierte Küchenteam verwöhnt mit klassischen Meeresfrüchte-Gerichten und herzhaften regionalen Spezialitäten, überrascht mit gelungenen innovativen Kreationen. ***www.strandhalle-sylt.de***

INDIVIDUELL REISEN MIT SYLT AIR

Seit mehr als 50 Jahren ermöglicht Sylt Air seinen Passagieren individuelles Reisen, fernab vom Massentourismus – und ist damit eines der ältesten Luftfahrtunternehmen Deutschlands. Sylt Air bietet von Ostern bis Oktober den regelmäßigen Flugdienst zwischen Hamburg und Sylt; Charterflüge für Business- und Urlaubsreisen ergänzen das vielfältige Angebot.
Zehn Maschinen gehören derzeit zur Sylt-Air-Flotte, die regelmäßig auf den aktuellen Stand bezüglich Nachhaltigkeit und Klimafreundlichkeit ergänzt wird. Vom luxuriösen Businessjet mit neun Plätzen bis zur kleinen einmotorigen Propellermaschine, die gern für private Rundflüge im kleinen Kreis über Wattenmeer und Nordseeinseln gebucht wird, ist alles im Angebot.

Sylt Air, Flughafen/Terminal 2,
Tel.: 04651/78 77,
www.syltair.de

SYLT AIR

Fotos: Strandhalle, SyltAir

Entspannungsmöglichkeit im exklusiven Spa-Bereich vom Lanserhof, der vor zwei Jahren auf der Nordseeinsel Sylt eröffnete.

Gesund an der See

Die Küsten mit ihrem gesunden Reizklima und den Aerosolen aus dem Salz der Luft und des Meeres gelten seit jeher als besonders gesundheitsfördernd.

Neues in Sylts Lanserhof: „Naturheilkunde trifft Spitzenmedizin" – unter diesem Konzept ist die renommierte Lanserhof-Group mit Stammsitz in Lanz bei Innsbruck und Dependancen am Tegernsee und in Hamburg seit mehr als 30 Jahren erfolgreich tätig. Perfekte Voraussetzungen für dieses anspruchsvolle Konzept bieten sich seit 2022 im luxuriösen Lanserhof-Gesundheitsresort auf der Nordseeinsel Sylt, dem ersten am Meer. Die geschützte Landschaft der Insel, Flora und Fauna, nicht zu beeinträchtigen war zentrales Anliegen bei diesem einzigartigen Bauprojekt. Wie bei allen Lanserhof-Resorts kamen auch hier ausschließlich naturbelassene Materialien zum Einsatz, die Reetdächer der klassischen Friesenhäuser zum Vorbild, erstreckt sich das größte Reetdach Europas nachhaltig über mehrere Gebäude des Lanserhofs, darunter das Haupthaus, ein Spa-Bereich mit Fitness-Area, Saunen, Dampfbädern sowie einem Indoor- und Outdoor-Salzwasser-Pool. Hier auf Sylt ergibt sich ein ideales Zusammenspiel der unverfälschten Natur mit dem ganzheitlichen Lanserhof-Konzept aus neuesten Erkenntnissen der Naturheilkunde und moderner Spitzenmedizin. Für den Herbst wurden, angeregt von Lanserhof-Gästen, vier neue medizini-

Es wird Wert auf eine gute Anleitung während des Trainings gelegt.

sche Pakete geschnürt: Stress Resilience, um übermäßigen Stress abzubauen, Kardio-Check-up zur Prävention von Herz- und Kreislauf-Erkrankungen. Insbesondere für Frauen, die unter hormonellen Veränderungen leiden, wurde Hormon Balance entwickelt und „Long Covid" für Personen, die nach einer Erkrankung unter Leistungsabfall leiden. Darüber hinaus zieht der Lanserhof Sylt im Bereich Diagnostik nun künstliche Intelligenz mit ein, um noch präzisere Ergebnisse zu erzielen. ***www.lanserhof.com***

Fotos: Lanserhof,La mer,lavita

Bauen, kaufen oder mieten – Traumimmobilien in St. Peter-Ording mit meist traditionellen Baustoffen, wie etwa einem Reetdach.

Edles unter Reet

Werte schaffen und Traditionen bewahren, das ist das Motto von Stefan Schneider, der aus historischen Materialien Häuser realisiert, die trotzdem modernstem Standard entsprechen.

Baut nach friesischer Tradition: Stefan Schneider.

Traditionelle Gebäude, die sich harmonisch in das Landschaftsbild einfügen und gleichzeitig die Kultur der Halbinsel Eiderstedt widerspiegeln, das ist die Devise von Stefan Schneider, Inhaber der Firma Schneider Immobilien in St. Peter-Ording. Regionale Traditionen zu bewahren hat sich das an der Nordseeküste alteingesessene Unternehmen auf die Fahnen geschrieben.

Bereits als Feriengast in Kindertagen begann bei dem gebürtigen Westfalen die Liebe zum Friesischen. Heute lebt der aktive Geschäftsmann im Ortsteil Böhl und vereint in seinem Haus Kultur und Tradition zum „Eiderstedter Wohngefühl".

In den mehr als 20 Jahren ihres Bestehens hat sich die Firma Schneider Immobilien durch Erfahrung und Fachkompetenz zu einem der führenden Immobilien- und Beratungsunternehmen der Region entwickelt. An sieben Tagen in der Woche bietet Stefan Schneider mit

Gemütliche Ferienhäuser in ganz St. Peter-Ording.

seinem kompetenten Team engagierte Beratung rund um die Immobilie „nah am Kunden“ mit Firmensitz im Ortsteil Dorf, dem historischen Zentrum St. Peter-Ordings. Großen Wert legt Stefan Schneider dabei auch auf die Zusammenarbeit mit regionalen Architekten und Betrieben. Und so kann es vorkommen, dass aus einer Zusammenarbeit eine Freundschaft entsteht und daraus dann wieder ein neues Projekt, wie im Falle von Stefan Schneider und Sönke Kähler geschehen. Gemeinsam gründeten sie das Unternehmen Schneider & Kähler Bau, welches für qualitativ hochwertige Neubauprojekte steht und eng mit Schneider Immobilien zusammenarbeitet. Energetisch auf dem modernsten Stand werden, wo immer möglich, historische Baumaterialien verwendet. Ob ein antiker Kamin, Burgunderplatten oder alte Holzbohlen als Fußbodenbelag, aber auch historische Steine aus Abrissgebäuden, die Arbeit der Schneider & Kähler Bau setzt darauf, neue Werte zu schaffen und dabei alte Traditionen zu bewahren. Am liebsten natürlich unter Reet, seit Jahrtausenden schützen die Menschen an der Küste ihre Behausungen durch das natürliche Material, und noch heute prägt es die Landschaft an der Nordsee mit seinem individuellen Charme.

www.schneider-immobilien-spo.de

„EIDERSTEDTER WOHNGEFÜHL“ IM URLAUB

Wer das „Eiderstedter Wohngefühl“ kennenlernen möchte, für den bietet Stefan Schneider mit seiner Firma Koch & Co. Feriendomizile genau die richtige Anlaufstelle. Mit einer Auswahl exklusiver Feriendomizile in allen vier Ortsteilen St. Peter-Ordings, dem Nordseebad mit dem größten Strand an der Nordseeküste. Ob im ruhigen Böhl, im historischen Dorf, im trubeligen Bad oder dem Wassersport-Hotspot Ording – hier findet jeder sein perfektes Urlaubsquartier. Vom frei stehenden Ferienhaus, über die attraktive Doppelhaushälfte bis hin zum luxuriösen Appartement, bei Koch & Co. erwartet die Gäste mehr als eine „Ferienunterkunft“: Zeitgemäßer Komfort wird hier großgeschrieben, viele Objekte verfügen über Sauna und Kamin, und auch Vierbeiner sind in vielen Objekten herzlich willkommen. Ein engagiertes Team ermöglicht flexible Anreisen auch unter der Woche und steht aufmerksam für besondere Wünsche bereit.

www.koch-spo.de

URLAUB RUNDUM SORGENFREI

Das aktuelle Highlight ist das Hotel Seaside43. Genau 43 Stufen hinter St. Peter-Ordings Norddeich gelegen, werden auch hier Tradition und Moderne kombiniert. Einst das Zuhause des letzten ortsansässigen Walfängers erwarten die Gäste heute in vier individuell gestalteten Häusern insgesamt 26 Zimmer unterschiedlicher Kategorien: Neben den Standard- und Superior-Zimmern stehen auch Suiten oder kleine Appartements zur Verfügung. Für entspannte Stimmung sorgt ein stilvoll-elegantes Interieur. Ebenfalls zum Hotel gehört das Café 43 mit seinem lichtdurchfluteten Wintergarten und der gemütlichen Terrasse, auf der die Gäste in kleinen Nischen zwischen klassischen Friesenwällen ihre Privatsphäre genießen. Neben dem vielseitigen, regionalen Frühstück, welches direkt am Tisch serviert wird, lädt es in den Nachmittagsstunden zu hausgemachten Kuchen, Torten oder Waffeln ein. Externe Gäste sind stets willkommen, gerne richtet das Team auch kleine Feierlichkeiten aus. Eine weitere Besonderheit des Hotels ist der SPA-Bereich, der den Hausgästen zur Verfügung steht: Im Wellness-Garten stehen zwei Saunen in Schäferwagen bereit, daneben insgesamt drei beheizte Whirlpools, Ruhe- und Fitnessbereich. Sie genießen einen traumhaften Blick über Wiesen und Felder.

Das Seaside43 ist darüber hinaus seit Kurzem Porsche-Destination-Partner, ab Frühjahr 2024 wird das Angebot durch drei Porsche-Ladestationen ergänzt. ***www.seaside43.de***

Fotos:SI

300 Jahre alte Hölzer und antike Steinfliesen zieren die Gebäude ebenso wie der historische schwedische Kaminofen.

NEUBAU 2024

Im Ortsteil Dorf in St. Peter-Ording entsteht in diesem Jahr ein typisches Doppelhaus im Schneider-Stil: Das sehr moderne, hochwertige Bauvorhaben hat pro Haushälfte je 205 Quadratmeter Wohnfläche. Hinzu kommen die Terrassenflächen. Das Haus verfügt über ein Reetdach und wird mit weiteren historischen Baumaterialien gefertigt. Es hat historische Fliesen, wie Burgunder Platten, warme Holzböden aus antiken Dielen, alte Kachelöfen mit ebenso historischen Verblendern. Eigenschaften, die das Gebäude zu einem echten Unikat und Schmuckstück werden lassen. Selbstverständlich sind für Bauherrn Stefan Schneider dabei die Einhaltung modernster Technik nach aktuellem Standard, so verfügen die historischen Stein- und Holzböden über Fußbodenheizung aus Erdwärme, die Fenster über Dreifachverglasung und die beiden Häuser über weitere neueste Erkenntnisse der Baukunst: eine große Portion Idealismus und die hohe Wertschätzung der Vergangenheit.
www.schneider-immobilien-spo.de

Neues Doppelhaus im Ortsteil Dorf.

Im August wird St. Peter-Ording zum Mittelpunkt der Kitesurf-Wettbewerbe.

EVENT-HIGHLIGHTS 2024

28. – 30. JUNI BUNTES DRACHENFESTIVAL

Das Drachenfestival mit den fröhlich tanzenden Fantasiefiguren am Himmel fasziniert kleine wie große Besucher. Zur perfekten Unternehmung macht es das familiengerechte Rahmenprogramm mit Vorführungen und Aktionen zum Mitmachen.

11. – 14. JULI MULTIVAN WINDSURF CUP

Die höchste nationale Liga im Windsurfen präsentiert der Multivan Windsurf Cup, mit seinem Tour-Stopp in St. Peter-Ording. Die besten deutschen Windsurfer sammeln dabei Punkte für die Rangliste in den Disziplinen Racing, Slalom und Wave. Beim Windsurf- und SUP-Festival auf dem Eventgelände wird das passende Equipment ausprobiert.

5. AUGUST DLRG NIVEA STRANDFEST

Einmal im Jahr verwandelt die Deutsche Lebens-Rettungs-Gesellschaft mit ihrem Partner Nivea den Strand in ein großes, buntes Spiel-Eldorado. Auf spielerische Weise informieren junge Rettungsschwimmer besonders die kleinen Gäste über Wissenswertes rund um das Wasser, Schwimmen lernen und die Sonne.

13. – 18. AUGUST MULTIVAN KITESURF MASTERS

SPO wird zum Mittelpunkt der Kitesurf-Welt. Das Finale der Kitesurf Masters lockt mit spektakulären Kite-Wettbewerben, einem einmaligen Mix aus Contest, Festival, Eventvillage und Partys. Die Veranstaltung wurde auf sechs Tage verlängert.

24. – 25. AUGUST SUNSET WATTENMEER LAUF

Von Hamburg über stramme 250 Kilometer durch Schleswig-Holstein geht der Sunset Wattenmeer-Staffellauf bis zum jubelnden Applaus auf der Erlebnis-Promenade in St. Peter-Ording.

3. – 6. OKTOBER PIRATENTAGE

„Piraten ahoi" heißt es im Herbst wieder in St. Peter-Ording: Dann schlagen die fröhlichen Freibeuter auf der historischen Insel am Marktplatz im Ortsteil Dorf für einige Tage ihr Lager auf und gewähren kleinen und großen Fans Einblicke in ihr abenteuerliches Seeräuberleben.

Weitere Infos und Termine: ***www.st-peter-ording.de***

Fotos:TZ-SPO,Up/North

250 Kilometer lang ist die Laufstrecke von Hamburg bis nach St. Peter-Ording an der Nordseeküste.

Während der Piratentage im Oktober werden tiefe Einblicke ins abenteuerliche Seeräuberleben gewährt.

Im Juni sind bunte Flugkörper und Fantasiefiguren am Himmel zu bewundern. Das Drachenfestival fasziniert kleine wie große Besucher.

SPIEL UND SPASS FÜR DIE GANZE FAMILIE

Als erster Pfahlbau hinter dem Deich, am Ende der neu gestalteten Promenade, hat St. Peter-Ordings neues Erlebnis-Hus im vorigen Sommer die ersten Gäste empfangen. Das vierstöckige Gebäude aus Holz und Glas mit spektakulärer Aussichtsplattform bietet ein vielfältiges Programm für Groß und Klein.
Der 300 Quadratmeter große Indoorspielplatz im Spiele-Hus lockt mit einer Vielfalt an Spielen, einer interaktiven Sportwand und einer Koch- und Backinsel zu gemeinsamen Aktivitäten. Im Info-Hus gibt es Tipps für Ausflüge in SPO und auf Eiderstedt, im Shop eine Auswahl an SPO-Lieblingsstücken. Ein Workation-Bereich steht mit Working-Tisch und Lounge-Möbeln bereit zum mobilen Arbeiten mit bester Aussicht. In Ruhepausen verwöhnt ein hübsches Restaurant mit einem appetitlichen Angebot. Ein echtes Highlight ist die mehr als 47 Meter lange Rutsche, in der die Besucherinnen und Besucher aus 20 Metern Höhe in Sekundenschnelle auf den Outdoor-Spielplatz vom Erlebnis Hus gelangen. Hier erwartet spiel- und sportbegeisterte Kids das volle Programm vom Klettergerüst, einer Wand-Wasser-Matsch-Anlage, einem Spiegellabyrinth bis zum Basketball-Court und einer Skaterbahn. „Mit seiner beeindruckenden Architektur, der spektakulären Aussicht und dem vielfältigen Angebot wird das Erlebnis-Hus seinem Namen alle Ehre machen. Wir freuen uns auf die Gäste, die unsere neue, barrierefreie Attraktion in St. Peter-Ording besuchen werden," sagt Katharina Schirmbeck, Direktorin der Tourismus-Zentrale St. Peter-Ording.

Fotos:TZ-SPO/Franke

Die Gastronomie im Erlebnis-Hus übernimmt Fernsehkoch Steffen Henssler – *www.st-peter-ording.de/erlebnis-hus*

LAND&MEER · HOTELTIPP **ambassador hotel & spa**

BIS ZUM HORIZONT

Das ambassador hotel & spa ist der perfekte Ort für unvergessliche Tage an der Nordsee. Das 4****s Wellnesshotel an der Seebrücke St. Peter-Ordings begeistert mit fantastischen Ausblicken auf Meer, Dünen und Salzwiesen. Hier trifft nordfriesische Gastlichkeit auf herzlichen First-Class-Service. Das ambassador hotel & spa ist Mitglied der Wellness-Hotels & Resorts. Von endloser Weite und Meer eindrucksvoll umrahmt, präsentiert sich das Auramaris SPA im fünften Stock des Hauses.
Ein besonderes Highlight sind die beiden Whirlpools unter freiem Himmel auf der Wellnessterrasse mit grandiosem Blick auf die Nordsee. Im neu gebauten Strandflügel lässt sich das entspannende Bad im Whirlpool mit Blick aufs Meer sogar auf der privaten Terrasse genießen. Die beiden SPA-Suiten im vierten Obergeschoss mit 62 und 72 Quadratmetern Größe und eigener Dachterrasse machen's möglich. Die große SPA-Suite bietet zusätzlich auch eine private Sauna. Alle Zimmer und Suiten im neuen Strandflügel sind voll klimatisiert, hochwertig möbliert und mit ebenerdigen Duschen ausgestattet. Der zwölf Kilometer lange und bis zu zwei Kilometer breite Sandstrand vor dem Hotel schafft Freiräume, um sich zu jeder Jahreszeit zu erholen, abzuschalten und atemberaubende Sonnenuntergänge zu erleben. Das ambassador hotel & spa ist Partner des Nationalparks Wattenmeer, der sich für den Schutz dieser weltweit einzigartigen Naturlandschaft einsetzt. Auch der kulinarische Genuss kommt nicht zu kurz: Im Restaurant »Sandperle« werden regionale Gerichte à la FEINHEIMISCH sowie internationale Klassiker serviert.

Fotos: HA

Ambassador: beste Aussichten für Ihre Ferien in St. Peter-Ording.

Das Hotel bietet mit dem fantastischen Meerblick auf Nordsee und Dünen den perfekten Rahmen.

ambassador hotel & spa, Im Bad 26, 25826 St. Peter-Ording,
Tel.: 04863/709-0, info@hotel-ambassador.de,
www.hotel-ambassador.de

EIN NEUES ZUHAUSE AN DER NORDSEE

Der kilometerlange Strand von St. Peter-Ording ist nur wenige Schritte vom Hotel Zweite Heimat entfernt.

Das Haus liegt direkt am Nordsee-Deich.

Die Zweite Heimat in St. Peter-Ording gehört zu den beliebtesten Hotels an der deutschen Nordseeküste. Pünktlich zum zehnjährigen Jubiläum hat das Team tolle Neuigkeiten im Gepäck: Das 2014 eröffnete Haus am Deich hat Nachwuchs bekommen! Ein zweites frei stehendes Gebäude ergänzt das Angebot des regional ausgerichteten Hotels um 22 zusätzliche Stuben, eine gemütliche Lobby mit Empfang, Kamin, Bibliothek und „Giftbude“ sowie einem großen Spa mit zwei Saunen, Ruheräumen, Massagesesseln und Außenbereich. Verbunden sind die beiden Gebäude durch einen schön angelegten Naturgarten. Das Besondere an den neuen Stuben: Sie sind noch geräumiger und fühlen sich durch ihr großzügiges Raumangebot fast wie eine Ferienwohnung an. Die „Große Stube für Deichgrafen“ verfügt zum Beispiel über einen Wohnbereich, ein oder zwei separate Schlafzimmer, eine eigene Sauna und Whirlwanne sowie fantastischen Meerblick.

Im Restaurant Esszimmer kommen frische regionale Zutaten auf den Tisch.

Fotos: René Supper

Einige Stuben verfügen über eine private Sauna.

Aber auch im ersten Gebäude, dem Strandhaus, hat sich einiges getan: Das Restaurant Esszimmer wurde behutsam vergrößert und verschönert – und sogar durch ein weiteres Gastronomie-Angebot ergänzt. Das Restaurant Pesel (friesischer Ausdruck für „Gute Stube“) verfügt über eine eigene bodenständige Speisekarte und eignet sich besonders für gemütliche Familienfeiern und andere Feste.

Zweite Heimat
Am Deich 41, 25826 St. Peter-Ording,
Tel.: 04863 47489-0, info@hotel-zweiteheimat.de
www.hotel-zweiteheimat.de

Ein Erlebnis Meer

Wer Büsum hört, denkt an Nordsee, Kutter und Krabben. Doch Büsum ist weit mehr – Büsum ist modern, vielseitig, erlebnisreich. Bekannt für seine großzügige Promenade kann hier jeder uneingeschränkt das Weltnaturerbe Wattenmeer genießen.

Perspektivwechsel – Büsum und die Familienlagune Perlebucht von oben gesehen.

Ob Entspannen am Grünstrand in einem der gemütlichen Strandkörbe oder mit der Familie einen Tag am Sandstrand in der Familienlagune Perlebucht verbringen. Hier kann rund um die Uhr gebadet oder bei einem Surf- oder Kitesurfkurs Büsums Wassersport-Vielfalt erprobt werden.

Krabbenbrötchen und Hafen in gemütlicher Stimmung.

Was wäre ein Besuch in Büsum, ohne mindestens einmal barfuß eine Wattwanderung miterlebt zu haben? Vielleicht sogar mit musikalischer Untermalung? Wattenlaufen mit Musik ist ein echtes Highlight und seit vielen Jahren Kult. Mit immer wechselnden Bands und Musikern kommt hier jeder auf den Geschmack. Und eine Wohltat ist es allemal.

Tradition trifft hier auf Moderne. Büsum und sein Hafen sind seit vielen Jahrzehnten Heimat vieler Krabben- und Fischkutter. Nirgends bekommt man frischere Krabben! Von der traditionellen Krabbensuppe aus dem alten Familienarchiv bis hin zu modernen Interpretationen aus der kreativen Heimatküche ist hier für jeden Gaumen etwas dabei.

Fotos: TMS Büsum, Falcon Crest Air

Erleben Sie Livemusik vor atemberaubender Kulisse.

Doch die regionale Küche geht noch weit über die Köstlichkeiten aus dem Meer hinaus. Die Menükarten sind abwechslungsreich und am Puls der Jahreszeiten. So landen besondere Kreationen in Büsum allerdings nicht nur auf dem Teller, sondern ebenfalls im Glas. Von der feinen Weinprobe bis hin zu rustikalen Biertastings findet hier jeder auch kulinarisch sein Glück.

Und auch, wenn das bekannte Schietwetter mal wieder sein Unwesen treibt, muss man hier kein Trübsal blasen. Wie wäre es mit einem Besuch in der Meerzeit Büsum Wellenbad und Spa? Hier verbringt die ganze Familie einen tollen Tag. Die Kinder sausen die imposante Wasserrutsche hinunter, während Mama und

Im Strandkorb haben Sie den optimalen Blick aufs Meer.

Papa es sich in der einzigartigen Panoramasauna mit seinem atemberaubenden Ausblick auf die Nordsee oder das Wattenmeer gut gehen lassen. Anschließend noch eine Runde im großen Wellenbecken mit echtem Nordseewasser schwimmen. Absolut einen Besuch wert!

Doch auch der schönste Tag in Büsum geht mal zu Ende. Am besten lässt man ihn mit einem Kaltgetränk in der Hand in einem Liegestuhl in der Familienlagune Perlebucht beim Anblick des zauberhaften Sonnenuntergangs oder beim Feiern mit den Legenden des Musik-Business beim Legends at the Sea Open Air ausklingen. Mehr Nordsee-Erlebnis geht nicht!

www.buesum.de

Großenbrode - MeerZeit am Fehmarnsund

Wer Urlaub an der Ostsee mag, wird Ferien in Großenbrode lieben. Mit 1,5 Kilometer Strandvergnügen und einer circa 300 Meter langen Seebrücke bietet das familiäre Ostseeheilbad am Fehmarnsund eine wunderbare Auszeit für die ganze Familie. Das flache und klare Wasser lädt zum Baden, Plantschen und Rumtollen ein. Die Kinder lieben es, im feinsandigen, weißen Sandstrand Burgen zu bauen. Auch Wassersportler kommen hier voll auf ihre Kosten: An drei Seiten von der Ostsee umspielt, ist Großenbrode ein Paradies für alle, die mit ihrem Board aufs Meer wollen. Im Westen, Norden oder Süden der Halbinsel finden Wind- und Kite-Surfer sowie Stand-up-Paddler immer perfekte Bedingungen.

Die gibt es auch für die Kids – denn langweilig wird es in Großenbrode nie! Ein eigenes Animations-Team ist seit Jahren erfolgreich im Einsatz und bringt die Kindergesichter zum Strahlen. Frei nach dem Motto „vormittags kreativ - nachmittags aktiv“ startet die KinderInsel mit einem ganztägigen Programm durch und begeistert alle kleinen Gäste ab vier Jahren mit einem bunten Mix aus Basteln, Malen, Sport und Familienspielen. Auch die drei neuen Spielplätze lassen keine Wünsche offen. 20 Spielgeräte, darunter eine Seilbahn und ein Piratenschiff, sowie Bereiche für Kleinkinder und ältere Kinder bereiten einen riesigen Freizeitspaß auf dem Spielplatz an der Strandstraße. Direkt an der Promenade „Am Kai“ liegt der „Palmenspielplatz“, wie er liebevoll von den Gästen genannt wird. Hier können Kinder nicht einfach nur klettern, rutschen, schaukeln oder balancieren, nein, hier gilt es, die „Schatzinsel“ zu erobern. Und als ob das noch nicht genug wäre, entstand direkt neben der Seebrücke eine tolle Spiellandschaft mit Kletterreusen, Leuchtturm mit Rutsche und einem riesigen Spielschiff, das geentert werden möchte. Und Großenbrode investierte weiter in die Zukunft. Die neue Erlebnis-Promenade verläuft stellenweise geschwungen und mittels Holzstegen durch Teile der Dünen, umgeben von Strandroggen und Strandhafer, durch die Natur.

Fotos: GTS,M.Elsen

Kilometerlanger Ostseestrand für die ganze Familie.

Großenbrode Tourismus Service
Teichstraße 12, 23775 Großenbrode
Tel.: 04367/99 71-30, ***www.grossenbrode.de***

Tiere unserer Küsten

Im Nationalpark Wattenmeer leben Tausende Tier- und Vogelarten. Viele Vögel sind auf der Durchreise und fressen sich hier Kraft für den weiteren Flug an. Die Tiere an unseren Küsten haben es dem Oldenburger Fotografen Tobias Pelz angetan. Manchmal dauert es Stunden, bis ihm ein perfektes Bild gelingt.

Eine Pfuhlschnepfe vor der Brandung am Ufersaum.

TEXT: JOACHIM MITTELSTAEDT

Tobias Pelz hat Landschaftsentwicklung in Osnabrück und Umweltbiologie in Bremen studiert. Seit Anfang 2023 arbeitet er für die Naturschutzstiftung Region Friesland-Wittmund-Wilhelmshaven. Die ist Trägerin der Ökologischen Station Jade. Zu Pelz' Aufgaben gehört die Betreuung von Schutzgebieten in einem europäischen Netz in den Landkreisen Friesland, Wittmund, Wesermarsch und der Stadt Wilhelmshaven. Zu den Tätigkeiten gehört neben der Erfassung und regelmäßigen Beobachtung der Tier- und Pflanzenwelt auch die Planung, Initiierung und Begleitung von Pflege-, Entwicklungs- und Verbesserungsmaßnahmen in der Natur.

Foto: Felix Hastrich

Der Biologe Tobias Pelz machte die Tierfotografie zu seinem Hobby, um sich auch privat der heimischen Natur zu widmen.

Kampfläufer sind selten an der Nordseeküste. Die Halskrause tragen sie nur während der Balzzeit.

GENAUES HINSEHEN GEHÖRT ZUM JOB

Manchmal handelt es sich bei der ökologischen Arbeit in der Natur um echte Sisyphusarbeit. Etwa wenn die Erfassung von Libellen ansteht. Im Spolsener Moor bei Zetel im Landkreis Friesland ging es für den Schutzgebietsbetreuer genau darum. Die verschiedenen Arten sollten identifiziert, bestimmt und schließlich statistisch festgehalten werden. „So haben wir unter anderem die Nordische Moosjungfer und die Kleine Moosjungfer in diesem Moor nachweisen können“, erzählt Tobias Pelz begeistert.
Beide Arten brauchen die sehr speziellen Bedingungen in Übergangs- und Hochmooren, um sich hier fortpflanzen zu können. Und diese Bedingungen sind inzwischen leider sehr selten geworden. Die Zahlen der verschiedenen Libellenarten werden übrigens unter anderem anhand der leeren Larvenhüllen, die an Pflanzen in der Nähe von Wasserflächen und Teichen gefunden werden, ermittelt.

Die wohlgenährte Kegelrobbe am Strand der Helgoländer Düne beobachtet den Fotografen.

Am Ende einer solchen Untersuchungsreihe haben die Naturschützer dann stabile Ergebnisse, die viel über die Entwicklung im Moor aussagen und die Planung und Umsetzung von weiteren Schutz- und Erhaltungsmaßnahmen möglich machen.

Der kleine Sandregenpfeifer findet seine Nahrung am Strand und im Wattenmeer.

Norddeutschlands Küsten bieten zahlreichen Vogelarten Nahrung, weshalb sie hier gern Ruhepausen vor dem Weiterflug einlegen.

LAND&MEER · HOTELTIPP

WATTGUT PELLWORM

ZEIT FÜR ENTSCHLEUNIGUNG

Idyllisch auf einer Warft gelegen, unweit des Leuchtturms und mit Blick über die weiten Felder und Wiesen bis hin zum landestypischen Deich ist das WattGut Pellworm von Sabine und Thomas Schult der perfekte Ort, um zur Ruhe zu kommen und den Alltag zu vergessen. Nach dem Um- und Ausbau der Gebäude sind zwei hochwertige, im eleganten und maritimen Stil gehaltene Ferienwohnungen mit dänischem Ofen, offener Küche sowie Balkon beziehungsweise Terrasse für zwei bis vier Personen entstanden. Auch Hunde sind hier herzlich willkommen. Das Reetdach, dänische Holzfenster, Lehmputzwände und Klönschnacktüren sorgen für ein urig-schönes Wohngefühl und verkörpern dabei das Motto von Familie Schult: Zeit für Entschleunigung. Darüber hinaus gehören ein Hofladen und eine Galerie zum Ensemble. Hier gibt es neue und nostalgische, romantische, nachhaltige und duftende Dekoartikel zu entdecken sowie Mitbringsel und schöne Erinnerungsstücke vom Urlaub auf Pellworm.

Foto: Wattgut

Ein windgeschützter Garten perfekt zum Entspannen.

In der hauseigenen Galerie werden Exponate norddeutscher Künstler ausgestellt.

WattGut Pellworm, Süderkoogweg 4, 25849 Pellworm, Tel.: 0173/20 6 42 06, ***www.wattgutpellworm.de***

Der Knutt ist ein Brutvogel in der arktischen Küstentundra und nur auf dem Durchzug im Wattenmeer anzutreffen.

VOM BERUF ZUM HOBBY

Bei diesen beruflichen Interessen und Aufgaben lag es nahe, dass sich der Umweltbiologe auch privat sehr für die Tier- und Pflanzenwelt hier bei uns im Norden interessiert. Um die Vielfalt und Schönheit der heimischen Natur festzuhalten, entwickelte er das Hobby der Tierfotografie für sich. Und die Bilder, für die Tobias Pelz manchmal viele Stunden „ansitzt", belohnen ihn für seine Ausdauer. Gerne stellt er sie bei Präsentationen und Vorträgen vor. Sein großes Ziel dabei: die Menschen für das Thema Naturschutz zu begeistern. Besonders haben es ihm unsere Küsten und Moore angetan. Und bei seinen selbst organisierten Fotoreisen ins europäische Ausland besuchte Pelz schon Länder wie Norwegen, Slowenien, Polen, Kroatien und Frankreich. Da kann es dann schon einmal passieren, dass auch ein ausgewachsener Bär aus dem Unterholz trottet und abgelichtet wird. Zu Hause in Oldenburg hat Tobi Pelz im letzten Jahr übrigens damit begonnen, sein Wissen um Fototechnik und die besonderen Tricks der Tierfotografie in Foto-Workshops weiterzugeben.

Eine Scharlachlibelle: Das Bestimmen der Libellen-Arten geschieht anhand der liegengebliebenen Hüllen.

Kontakt: tobias.pelz2010@gmail.com
Instagram: tobi pelz

Der Elbe-Lübeck-Kanal führt durch eine naturbelassene, typisch norddeutsche Kulturlandschaft.

Ein Sommer auf dem Boot

Einmal Norddeutschland rund fuhren die Bremer Elke und Carsten Rendigs mit ihrer historischen Motortjalk – leider bei nordischem Wetter mit viel Wind und Regen. Ihr Bericht über die ereignisreiche Sommerreise mit der „De Vrouw Christina".

Fotos: C.Rendigs, U.Schaper

Die Burg Bederkesa ist ein beliebtes Ausflugsziel. Schiffscrews können sich hier die Füße auf festem Boden vertreten.

TEXT: CARSTEN RENDIGS

Endlich kann es Anfang Juli auf Tour gehen. Stromaggregat und Photovoltaik auf dem Steuerhaus sollten funktionieren, denn unsere 20 Meter lange Motortjalk „De Vrouw Christina" passt nicht in jedem Jachthafen an eine Stromsäule.

Bei bestem Wetter geht es mit starkem Ebbstrom von Vegesack weserabwärts nach Bremerhaven in die Geestemündung zu einem Zwischenstopp im Fischereihafen. Wer in die Geeste weiter aufwärts in Richtung Elbe-Weser-Schifffahrtsweg will, muss sich im Verlauf der Tide den richtigen Zeitpunkt suchen. Bei Niedrigwasser führt der stark mäandernde und verschlickte Fluss nur ein Rinnsal. Zwei Stunden nach Niedrigwasser reicht die Wassertiefe, später wird es mit den Brücken knapp, weil der Wasserstand zu hoch ist. Und trotz unserer Schiffslänge fahren wir immer schön die Außenkurven, denn in den Innenkurven liegt der Schlick am höchsten. Aufatmen nach dem Passieren der Schiffdorfer Schleuse, weil nun eine geruhsame Fahrt folgt, mit erlaubten acht Stundenkilometern durch eine Wiesenlandschaft. Vor Bederkesa, dem ersten Ziel, liegt noch die Selbstbedienungsschleuse Lintig.

BAD BEDERKESA BIS OTTERNDORF

Wenn sich das Sonnenwetter nun nicht auf dauernde Regenschauer umgestellt hätte, wäre Bad Bederkesa ein schönes Urlaubsziel. Aber für den Rest dieses Sommers wird es zu einer Gewohnheit, auf dem iPhone die Regenradar-App anzusehen, um zu prüfen, ob das Verlassen des Schiffs ohne Schirm möglich ist. Der Regen

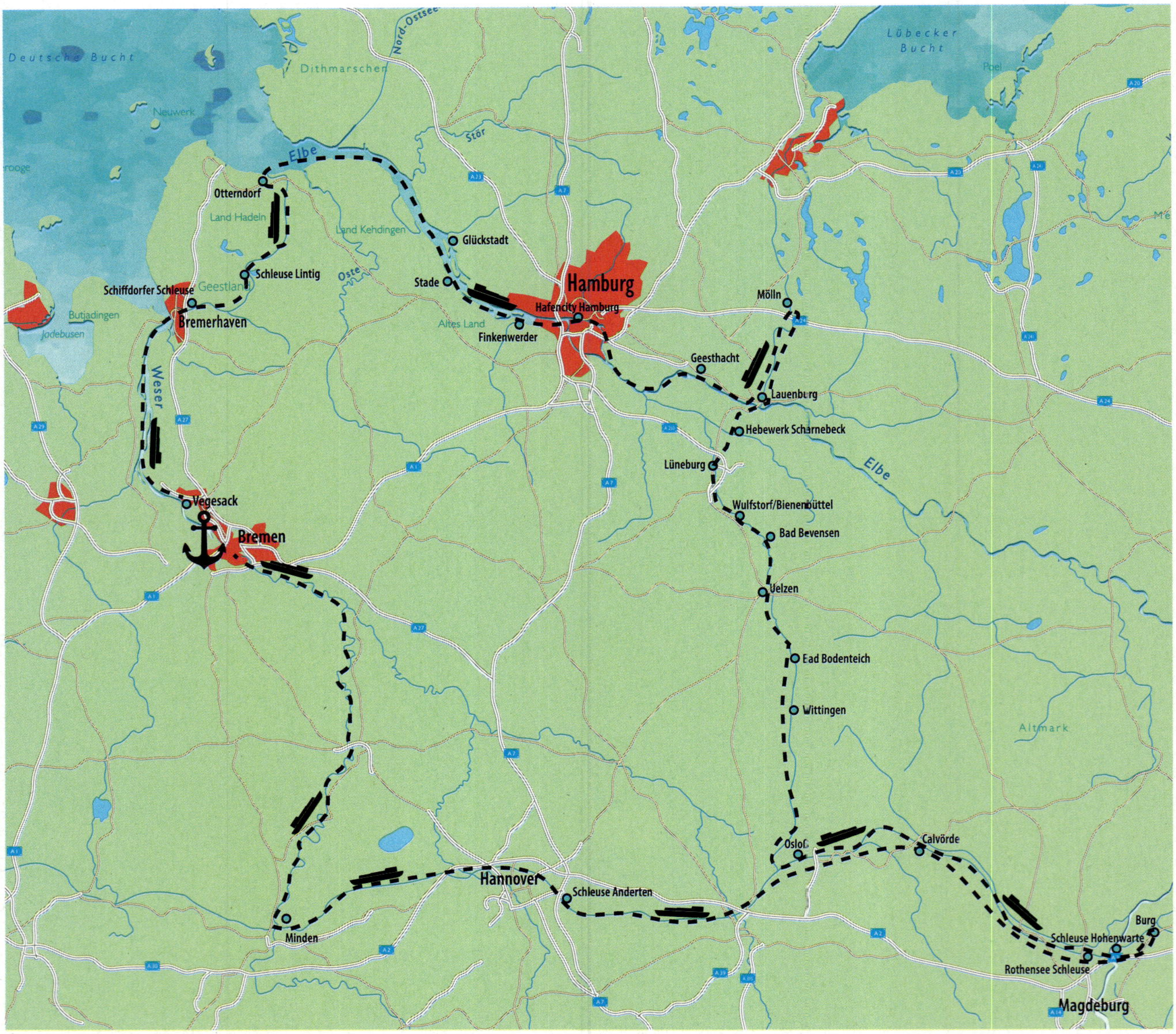

Die Bootstour führte von Bremen über den Elbe-Weser-Schifffahrtsweg nach Glückstadt, Stade, Richtung Hamburg. Und dann weiter nach Lauenburg, zur Trogbrücke bei Magdeburg und über Hannover zurück in den Heimathafen.

begleitet uns auch auf der Weiterfahrt nach Otterndorf. Kurz vor Erreichen der neuen Schleuse Richtung Elbe passieren wir die niedrigste Brücke im Kanal. In den offiziellen Unterlagen und auch auf der Pinnwand bei der Schleuse ist die Höhe der Eisenbahnbrücke immer noch mit 2,60 Meter angegeben. Unser Steuerhaus ist 2,75 Meter hoch. Und beim Durchfahren messen wir eine Höhe von 2,95 Meter, denn die Brücke ist vor ein paar Jahren erneuert worden. Warum diese Verbesserung nicht kommuniziert wird, ist uns ein Rätsel.

MATJES IN GLÜCKSTADT

Zwei Stunden nach Niedrigwasser passieren wir die Schleuse und die flache Fahrrinne nach Otterndorf

Liegeplatz mal nicht im Hafen, sondern idyllisch vor Anker.

Fotos: C.Rendigs, U.Schaper, Holl.Fischbuero,Karte:L.Backer Dierks

Die 20 Meter lange Tjalk liegt oft direkt an der Pier wie hier bei Wolfsburg – aber genau vorm griechischen Restaurant.

Richtung Elbe. Der Flutstrom trägt uns bei leichtem Südwestwind zum Etappenziel Glückstadt. Die idyllische kleine Hafenstadt erreichen wir kurz vor Hochwasser. Der Schlengel vor der Schleuse in den Binnenhafen ist voll belegt, und wegen Personalmangel ist die Schleuse leider außer Betrieb.

Aber bald wird ein Platz im Yachthafen frei, sodass wir uns entspannt die nächsten Tage in der Stadt umsehen können. Entstanden ist Glückstadt auf Geheiß des dänischen Königs Christian IV. ab 1615, denn diese Region war damals unter dänischer Herrschaft. Heute „Matjes-Hauptstadt", kann man diese Spezialität rund um den historischen Marktplatz allerorten in den unterschiedlichsten Variationen genießen.

Glückstadt an der Elbe gilt als „Matjes-Hauptstadt".

Einlaufend in die schmale Schwinge kommt das Stader Museumsschiff „Greundiek“ entgegen.

Hamburg ist aufregend: Auf eigenem Kiel werden die Landungsbrücken, das Museumsschiff „Cap San Diego“ sowie die Elbphilharmonie passiert und dann der Sandtorhafen in der neuen Hafencity angelaufen.

VON STADE NACH HAMBURG

Wir fahren weiter nach Stade und dafür das Flüsschen Schwinge hinauf. Mit unserer Schiffgröße geht das nur nach vorheriger Anmeldung bei Hafen- und Brückenmeistern. Der Hafen ist bestens ausgerüstet und wir nutzen Waschmaschine und Duschen. Zwischen den Regenschauern besuchen wir Stades Cafés und Museen in der historischen Altstadt.

Nach einem kurzen Aufenthalt in der Mündung der Schwinge schiebt uns die Flut Richtung Hamburg. Im Yachthafen Wedel machen wir halt, um einen alten Freund, der hier auf seinem Boot lebt, zu besuchen. Mit unseren Fahrrädern lässt sich die Flusslandschaft rund um Wedel bestens erkunden.

Nach einem Besuch auf der gegenüberliegenden Elbseite im Kutter- und Museumshafen Finkenwerder geht unsere Tour weiter bis zum Traditionsschiffhafen Sandtorkai in Hamburgs neuer Hafencity.

BESUCH DER HAFENCITY

Wir werden mit unserer 114 Jahre alten Tjalk freundlich empfangen und haben nun einen Platz in unmittelbarer Nähe der Elbphilharmonie und der riesigen Modelleisenbahnanlage im Miniatur Wunderland. Die Elphi besuchen wir, doch bei dem Sauwetter kann man von der Plaza hoch oben noch nicht mal die andere Elbseite sehen. Und für die Modelleisenbahn hätten wir uns Tage vorher anmelden müssen. Also gehen wir auf Entdeckungstour durch Hamburg, und das immer schön mit Schirm.

Wir trennen uns von Hamburg, und erreichen elbaufwärts die einzige Schleuse der Elbe auf deutscher Seite in Geesthacht. Nach dem Passieren sollte eigentlich ein Besuch in Geesthacht folgen, doch hier haben wir das erste Mal Probleme, einen Liegeplatz zu finden. Einige Sportboothäfen sind deutlich zu klein für uns und auf der Pier im Geesthachter Hafenbecken steht ein Schild „Anlegen verboten“. Ein Anruf beim ansässigen Wasserschifffahrtsamt ist vorsichtig ausgedrückt nicht erfolgreich. Wir lassen es drauf ankommen und ignorieren das Verbotsschild, damit wir einen Bummel durch den Ort machen können, was sich aber nicht lohnt.

VON GEESTHACHT BIS LAUENBURG

Erfreulich dagegen die Hilfsbereitschaft in Lauenburg, dem nächsten Ort auf unserem Weg. Die Chefin des Yachthafens hat keinen Platz an ihren Stegen und besorgt uns einen Liegeplatz an einer Anlage für Binnen-

Geesthacht, einzige deutsche Elbschleuse und Staustufe.

schiffe. Dafür sitzen wir abends in ihrer Hafengastronomie und lassen uns den frischen Fisch schmecken. Weiter die Elbe aufwärts zu schippern ergibt keinen Sinn, denn unser eigentlich angedachtes Ziel Dömitz ist nicht erreichbar. Wir haben zwar nur 90 Zentimeter Tiefgang, doch auf der Strecke nach Dömitz hat sich eine Sandbank gebildet und im Internet zeigt ELWIS, das Informationssystem für die Binnenschifffahrt, eine Wassertiefe von nur 57 Zentimetern an.

ELBE-LÜBECK-KANAL

Darum entschließen wir uns für einen Abstecher in den Elbe-Lübeck-Kanal. Die Durchfahrt ist sehr idyllisch. In Mölln peilen wir am Nordufer des Ziegelsees

Mölln, gastfreundliche Eulenspiegelstadt mit Weinfest.

Fotos: C.Rendigs, U.Schaper, S.Bardua,HH-Mediaserver

eine kleine Steganlage an. Das Internet bietet mir eine Telefonnummer an, und am anderen Ende sagt eine freundliche Stimme: „Kommt gerne her, das kriegen wir auch mit eurer Schiffsgröße hin." Dann werden uns am Steg des Möllner Motorbootclubs die Leinen angenommen. Die Gastfreundschaft ist überwältigend, das Clubhaus bietet komfortable Duschräume, und die kommenden Tage fühlen wir uns gut aufgehoben. Der Spaziergang ins Stadtzentrum bringt uns auf ein Weinfest in der Altstadt.

HEBEWERK IN SCHARNEBECK

In der Hoffnung, doch noch in Magdeburg auf die Elbe zu kommen, machen wir uns zurück in Lauenburg auf die Tour durch den Elbe-Seitenkanal. Doch am Hebewerk in Scharnebeck ist die Fahrt schon wieder zu Ende, denn Reparaturarbeiten behindern das Befahren. Inzwischen haben sich zahlreiche Binnenschiffe angesammelt. Um Mitternacht ist es dann plötzlich soweit. Nach dem Ablegen steht Elke mit Sprechgerät

Nach den Regentagen genießen wir die Abendsonne.

auf dem Vorschiff und versucht uns zwischen all den wartenden Schiffen mit endlos vielen blenden Lichtern Richtung Einfahrt zu lotsen. Zum Glück kommen wir heil durch das Gewusel und im Oberwasser an einem Liegeplatz an. Da der erst 1976 in Betrieb genommene Kanal ziemlich gerade durch die Landschaft führt, ist erst einmal entspanntes Fahren angesagt. Wir laufen Liegestellen in Wulstorf/Bienenbüttel, Lüneburg, Bad Bevensen, Uelzen, Bad Bodenteich, Wittingen und Osloß an, um dann auf dem Mittellandkanal nach Osten Richtung Wolfsburg abzubiegen. Weil sämtliche attraktiven Liegeplätze in Höhe des VW-Werks belegt sind, geht es bis zur Liegestelle Rühen. Hier war die Grenzstelle zwischen Bundesrepublik und DDR für die Binnenschifffahrt, und in dem früheren Abfertigungsgebäude ist ein griechisches Restaurant. Mit dem Rad ist der Einkauf in Rühen auch nicht weit.

Die Trogbrücke in Magdeburg ist ein Wasserstraßenkreuz, wo sich die Schifffahrt übereinander begegnen kann. Sie führt den Mittellandkanal über die Elbe hinweg in Richtung Elbe-Havel-Kanal.

SCHLEUSE ZUR ELBE

Jetzt noch eine Etappe bis Calvörde, und wir sind schon an einem Liegeplatz im Oberwasser der Schleuse Rothensee. Sie führt hinunter zur Elbe. Doch bevor wir diesen Schritt wagen, geht es mit dem Fahrrad nach Magdeburg, um uns die möglichen Liegeplätze anzusehen. Die Steganlage unterhalb der Fahrgastschifffahrt

ist komplett leer, doch als wir die starke Strömung am Domfelsen sehen, wird uns mulmig. Unser DAF 575 hat nur 105 PS und dürfte damit überfordert sein.

ÜBER DIE ELBE AUF DER TROGBRÜCKE

Wir haken die Elbe endgültig ab und fahren weiter über die Brücke über die Elbe, passieren die Schleuse Hohenwarthe und machen in Burg fest. Hier lassen wir uns diesmal mehr Zeit für einen Stadtbummel und beschließen, in kleinen Etappen nach Westen Richtung Minden zu fahren. Kurz vor Hannover geht es in der Schleuse Anderten noch mal nach unten, tanken.
Und in Minden begeben wir uns mit der neuen Schleuse nach unten in die Weser und fahren diese entspannt abwärts in Richtung der Hansestadt Bremen, unserem Heimathafen.

Fotos: C.Rendigs, U.Schaper,Alamy

Erholung, aber auch harte Decksarbeit: Skipperehepaar Elke und Carsten verbringen ihre Sommer auf dem Boot und reisen damit durch die norddeutschen Bundesländer.

Hallo, Frau Hafenmeister!

Yildiz Frühauf ist die Hafenmeisterin im kleinen Yachthafen in Lauenburg an der Elbe, dort wo Berufsschiffe und Sportboote von der Schifffahrtsstraße Elbe in den Elbe-Lübeck-Kanal abbiegen. Seit 20 Jahren organisiert sie hier außerdem eine Bootstankstelle, Beachclub, Wohnmobilhafen, Laden und Apartmentvermietung sowie das Restaurant „Skippertreff".

Hafenmeisterin Yildiz Frühauf achtet darauf, dass die Sportboote ihrer Gäste am richtigen Platz anlegen und schaut auch, ob die Leinen ordentlich belegt und die Schiffe und Hausboote sicher vertäut sind.

Vor mehr als 20 Jahren musste Yildiz ihren Beruf als Bäckerin aufgeben, weil sie eine Mehlallergie zu diesem Schritt zwang. Und weil sie sich auch von ihrem Mann trennen musste, zog die Seglerin kurzerhand mit ihren zwei kleinen Kindern auf ihr Boot, das seinen Liegeplatz im Lauenburger Binnenhafen hatte. Wo sich heute etwa 50 vermietete Sportbootplätze idyllisch zwischen Beachclub und Elbbrücke schmiegen, war damals nicht viel mehr als eine „wilde Ecke". In einem leer stehenden Hafengebäude verkaufte sie belegte Brötchen an vorbeikommende LKW-Fahrer, Sportbootschipper oder Fahrradtouristen. Ihre Kinder und sie lebten sommers und winters an Bord ihres kleinen Segelbootes, machten dort ihre Hausaufgaben und spielten im Hafenumfeld am Wasser des hier vom Flusslauf der Elbe abzweigenden El-

Fotos: Frühauf, BGZ/J.Marus,C.Rendigs

Hafenmeisterin Yildiz organisiert auch Veranstaltungen.

be-Lübeck-Kanals. Heute sieht es hier ganz anders aus. Yildiz hat aufgeräumt. Die kleine türkischstämmige Frau hat die Ärmel hochgekrempelt und hat aus der Wildnis ein kleines Paradies geschaffen! Mit ihrem zweiten Ehemann kaufte sie schließlich den Hafen.
Heute gibt es hier einen Beachclub mit angeschlossener Innen- und Außengastronomie, die sie führt. Hier befinden sich auch die Duschen und Sanitärräume für die Sportbootsbesatzungen. An andere Urlaubsgäste vermietet die umtrie-

Wohnmobilhafen, Beachclub und Restaurant bieten einen guten Ausblick über das Wasser. Die Tjalk fand einen Liegeplatz an der Binnenschiffsanlage.

bige Unternehmerin Ferienwohnungen mit Blick auf Hafen und Kanal. Wohnmobilreisende finden hier einen Stellplatz, dort, wo im Winter die Segel- und Motorboote an Land gelagert werden. Im Yachthafen schaut sie, ob die Leinen der Schiffe ordentlich befestigt sind, und betreibt auch die Tankstelle. Außerdem liegen hier Hausboote und erwarten im Sommer wechselnde Feriengäste. Und Yildiz organisiert, lenkt und leitet – sie hat ihr kleines Imperium voll im Griff. Neue Besucher fühlen sich stets herzlich empfangen und kommen immer wieder hierher – so auch wir!

Sie hatte nur noch einen Liegeplatz für Berufsschiffe für uns. Und was zahlen wir dort an Hafengeld? „... Kommt lieber heute Abend zum Essen bei mir vorbei!"

Yildiz Frühauf: Hafenstrasse 14 b, 21481 Lauenburg, Telefon: 0171/811 21 85, E-Mail: marinalauenburg@yahoo.de, ***www.yachthafen-lauenburg.de***

Ratzeburg am See

Der Ratzeburger See ist erneut Publikumsfavorit unter den Schleswig-Holsteiner Seen.

Abseits der Hauptverkehrswege liegen Küchensee, Stadtsee, Domsee und der lang gestreckte Ratzeburger See eingebettet in die schöne Felder- und Wälderlandschaft Schleswig-Holsteins. Darum wurde er auf dem Urlaubsportal *www.seen.de* erneut zum beliebtesten See in Schleswig-Holstein gekürt.

Eine Besonderheit des Ratzeburger Sees, der im Nordosten an das Bundesland Mecklenburg-Vorpommern grenzt, ist, dass er sich komplett umrunden lässt – sowohl zu Fuß als auch mit dem Fahrrad. Rund um den See finden sich Badestellen und Lokale zum Einkehren. Am Ratzeburger See ist der Rudersport traditionell beheimatet, und der See ist zugleich Segelrevier. Aber auch Ausflugsschiffe, Tretboote, Wasserfahrräder, Kanus und Elektroboote erfreuen hier die Feriengäste. Nicht nur das viele Wasser mit seiner hervorragenden Badequalität und die damit verbundenen vielfältigen Aktivitäten faszinieren die Gäste, auch das an die Inselstadt grenzende ursprünglich erhaltene Umland bietet allen Erholungssuchenden individuelle Entspannungsmöglichkeiten.

Fotos: Hannig,M.Vahlbruch

In der Ruderakademie Ratzeburg trainieren die Ruderinnen und Ruderer seit der Ära Karl Adams.

Ganz gleich, ob man von Westen über den Lüneburger Damm oder von Osten über den Königsdamm auf die Stadtinsel fährt, zu jeder Jahreszeit zeigt sich hier ein reizvolles Panorama, das von der eindrucksvollen Silhouette des Ratzeburger Doms beherrscht wird.

RUDERSPORT IN RATZEBURG

Internationale Bedeutung besitzt Ratzeburg seit über sechs Jahrzehnten als Zentrum des Rudersports. 1960 begann mit dem legendären Achter bei den Olympischen Spielen in Rom die Goldene Ära des Ratzeburger Ruderclubs (RRC). Im Bundesleistungszentrum

Die hervorragende Wasserqualität lädt nicht nur zum Bad im Ratzenburger See, sondern auch zu vielfältigen Wassersportmöglichkeiten ein.

Ratzeburg blickt auf eine 950-jährige Geschichte zurück, dies prägt Kulturlandschaft und Bauhistorie.

der Ruderer bereiten sich auch gegenwärtig erfolgreiche Sportlerinnen und Sportler auf ihre künftigen Erfolge vor. Die alljährliche Internationale Ratzeburger Ruderregatta im Juni ist ein Highlight für Bürger und Gäste. Früher verlief die innerdeutsche Grenze entlang des fast zehn Kilometer langen Sees. Noch immer wild und unberührt ist daher das unter Naturschutz stehende Ostufer, an dem Haubentaucher, Gänsesäger, Enten und andere Wasservögel ihre Brut- und Nahrungsräume finden. Zudem lockt der See mit seinen bewaldeten Ufern zum Wandern oder Radfahren.

RATZEBURG – DIE KULTURHAUPTSTADT

Die Insellage inmitten der vier Seen ermöglicht es, die Ratzeburger Innenstadt komplett mit Kanu oder Tretboot zu umrunden. Von der Schlosswiese aus startet die Schifffahrt zu großen Touren über die Ratzeburger Seen. Und wer frischen Fisch mag, sollte zur Schlosswiese kommen: Frischer als bei der Fischerei Jobmann kann man die Edelmaräne oder ihre kleiner Schwester, die Silbermaräne, gar nicht serviert bekommen.

Der ab 1160 unter Bischof Evermod erbaute Dom befindet sich auf dem höchsten Punkt der Nordspitze der Altstadtinsel von Ratzeburg, imposant prägen das Gotteshaus und das Kreismuseum die Stadtansicht vom Wasser aus.

Neben den vielfältigen Freizeitmöglichkeiten, die man am und auf dem Wasser und in den umgebenden Wäldern findet, bietet Ratzeburg ein reiches kulturelles Angebot sowie zahlreiche Zeugnisse einer wechselvollen Geschichte. Der Ratzeburger Dom beeindruckt mit seiner Architektur und seiner harmonischen Ausstrahlung die Gläubigen ebenso wie zahlreiche Besucher. Er prägt die Silhouette der Stadt und zählt zu den bedeutendsten Zeugnissen des romanischen Backsteinbaus in Norddeutschland. Kunsthistoriker sind sich darüber einig, dass sich ein so stilreiner Bau wie in Ratzeburg nirgendwo sonst findet. Auch als Veranstaltungsort genießt er einen hervorragenden Ruf. Mittelalterlich geht es beim Racesburg Wylag zu. Seit den 1990ern findet das große historische Stämme- und Völkertreffen mit seinen jährlich 10.000 Besuchern statt. Direkt am Ufer des Sees auf der Schlosswiese beziehen Ritter und Normannen ihre Turnierplätze, Wikingerfrauen und -männer gehen vor Anker – ein Riesenspaß für die ganze Familie. Mehr auf: ***www.ratzeburg-tourismus.de***

KREISMUSEUM HERZOGTUM LAUENBURG

Wie ein Juwel liegt das Herrenhaus malerisch neben dem romanischen Dom auf dem Palmberg über dem Ratzeburger See und beherbergt das Kreismuseum Herzogtum Lauenburg. Architektonischer Höhepunkt des Hauses ist der große Rokokosaal: seine festlichen, verspielten Stuckaturen in Weiß auf grünem Grund, die Johann Nepomuk Metz im Jahre 1766 schuf – in Verbindung mit dem großartigen Ausblick auf den See. Hier finden Vorträge, Lesungen, Klavierabende und Konzerte statt. Auch andere Räume, wie der Gartensaal oder der Speisesaal, verfügen über vollständige originale Stuck-Wanddekorationen. Das museale Angebot des Kreismuseums reicht von frühgeschichtlichen Funden der Steinzeit, Bronzezeit und Slawenzeit über interessante Ausstellungsstücke des Lebens und der Geschichte des Herzogtums Lauenburg bis hin zur Darstellung der deutsch-deutschen Grenzproblematik der jüngsten Vergangenheit. Gezeigt wird eine Apotheke aus dem zweiten Viertel des 19. Jahrhunderts, eine historische Küche mit reichhaltigem Inventar, ein Biedermeier-Zimmer, Feuerspritzen sowie ein Fotoatelier mit Labor. Weitere Räume in drei Etagen zeigen Kunstwerke des 19. und 20. Jahrhunderts mit Bezug zum Kreis Herzogtum Lauenburg. Sowie Exponate zur deutsch-deutschen Grenze mit einem originalen Trabi und einer Bildschau.

Ehemals als Pferdestall und Wagenremise genutzt, bildet eins der Nebengebäude des Haupthauses ein reizvolles Ambiente für eine ehemalige Schuhmacherwerkstatt, eine historische Stellmacherei, Kutschen und Schlitten sowie die Darstellung von Textilherstellung in alter Zeit.
www.herzogtumlauenburgmuseum.de

A. PAUL WEBER-MUSEUM

Das A. Paul Weber-Museum bietet zusammen mit dem Kreismuseum Herzogtum Lauenburg Führungen, Lesungen, Vorträge und wechselnde Ausstellungen an. Es liegt wunderschön auf einer Insel im Ratzeburger See neben dem Lustschloss der mecklenburgischen Herzöge und dem romanischen Dom in einem kleinen Park. In 20 Räumen sind über 200 Handzeichnungen, Holzschnitte, Ölgemälde, vor allem aber Lithografien des satirischen Grafikers A. Paul Weber (1893–1980) ausgestellt sowie eine funktionstüchtige Lithografiewerkstatt. Im Keller des Museums ist das Lithografiesteinlager mit über 700 Steinen untergebracht, das in seiner Art weltweit einzigartig ist.

Das A. Paul Weber Museum in Ratzeburg zeigt auch kritische Werke des Künstlers – in 20 Räumen sind mehr als 200 Zeichnungen von ihm ausgestellt.

Fotos: Kreismuseen Herzogtum Lauenburg Jens Butz

Einen Besuch des Museums lohnen allein die lustigen Tierbilder, die Buchillustrationen zu Münchhausen, Reineke Fuchs, Hans Sachs und vielen anderen, die heiteren und bissigen Blätter zu Kunst und Kunstbetrieb, die Schachpartien zwischen historischen, politischen und literarischen Personen und die Eulenspiegelmotive. Einen speziellen Anziehungspunkt bilden jedoch die kritischen Arbeiten, in denen Weber Missstände in Gesellschaft und Politik anprangert und Krieg und Gewalt verurteilt, weshalb er 1937 von den Nationalsozialisten inhaftiert wurde. Einen Schwerpunkt bilden die eindringlich warnenden Zeichnungen über die Zerstörung unserer Umwelt, die Weber seit 1957 schuf.

Insgesamt verwahrt das Museum rund 8.000 Werke A. Paul Webers, die über das Jahr in wechselnden Sonderausstellungen gezeigt werden.

Im Shop des Museums können Postkarten und Faksimiles seiner Werke sowie Publikationen über ihn und sein Werk erworben werden, wie auch eine umfangreiche Biografie des Künstlers.

www.weber-museum.de

Müritz-Sternfahrt

Die Radtour führt meistens am Wasser entlang. Zu sehen die für die Gegend typischen Datschen.

Fahrradtour im Land der tausend Seen. Im Müritz-Nationalpark und der Mecklenburgischen Seenplatte bietet der Radtouren-Anbieter „Rückenwind Reisen" eine Sternfahrt für ambitionierte Radlerinnen und Radler an.

Der Ausgangspunkt dieser Fahrrad-Sternfahrt ist die Stadt Waren an der Müritz. Von hier aus starten Fahrrad-Urlauberinnen und Radelfreunde in die urige Natur des Müritz Nationalparks und der Mecklenburgischen Seenplatte. Etwa einhundert Seen und viele kleinere Gewässer wechseln sich ab mit Kiefern- und Buchenwäldern, Mooren und Wiesen. Urlaubsgäste teilen sich das Land hier mit Rothirschen, Kranichen sowie See- und Steinadlern. Wie reizvolle Sprenkel liegen die Dörfer und historischen Bauten im Nationalpark. Hier wird das Radeln zum Erholungsurlaub, durch die grüne Landschaft Mecklenburg-Vorpommerns und seine tausend kleinen und großen Seen. Die Route verläuft überwiegend auf Rad- und Uferwegen, aber auch mal auf Kopfsteinpflaster und wenig befahrenen Straßen. Die Tour ist einfach zu radeln und auch für Einsteiger sehr zu empfehlen.

Fotos:RW,H.Mertes

Die Radroute verläuft meist auf Wirtschaftswegen und kleinen Straßen. Der Streckenvverlauf ist leicht bis mittelschwer.

Die Müritz Höhe Hafen Röbel. Ein Streckenabschnitt kann hier per Schiff absolviert werden.

In Waren an der Müritz beginnt die interessante Radtour.

TAG 1 **ANREISE IN WAREN**

Individuelle Anreise nach Waren. Am späten Nachmittag erfolgen ein erstes Infogespräch und die Radausgabe von Leihrädern, sofern dieser Service gewünscht wurde. Die von Seen umgebene Stadt ist für die nächsten Tage unser Gastgeber. Typische nordische Backsteinbauten, wie die Kirche St. Marien oder Warens altes Rathaus, sorgen für die reizvolle Atmosphäre der Altstadt. Restaurants, Cafés und Bars mit gutem Blick aufs Wasser laden hier zum Verweilen ein.

Fotos:Wikimedia/U.Schaper

Tausend Seen verbunden durch Flüsse und Kanäle. Viel Freizeitverkehr auf dem Wasser.

TAG 2 **FLEESENSEE UND KÖLPINSEE** – circa 60 Kilometer

Ganz zurecht wird die Mecklenburgische Seenplatte auch das Land der tausend Seen genannt.

An diesem Tag lernen wir gleich zwei der zahlreichen Seen kennen und erleben eine teils recht maritime Atmosphäre an den Ufern. Die Route führt zum Wisentreservat Damerower Werder. Die Orte Klink, Malchow und Damerow markieren die Etappen auf dem Weg zurück nach Waren.

TAG 3 **MÜRITZ NATIONALPARK MIT SCHIFFFAHRT** – circa 26 bis 50 Kilometer

Mit etwas Glück entdeckt man hier See- oder Steinadler am Himmel während der heutigen Tour durch den Müritz-Nationalpark.

Ab dem Bolter Kanal geht es mit dem Schiff über Klink beziehungsweise Röbel (saisonabhängig) zurück nach Waren. Als alternatives Fortbewegungsmittel bleibt das Rad, mit dem man von dem Anleger Klink oder von Röbel wieder Waren erreicht.

Das erfrischende Wasser lädt zu einem Bad ein.

Die Müritz-Sternfahrt mit Alternativrouten.

TAG 4 **RUND UM DEN TORGELOWER SEE** – circa 27 Kilometer

Der Torgelower See gehört zum gleichnamigen Landschaftsschutzgebiet. Eine im See liegende und etwa 150 bis 200 Jahre alte Insel dient Kormoranen als Zuhause. Historische Bauten wie das Herrenhaus Torgelow zeugen von großer Baukunst.

TAG 5 **RUND UM DIE MÜRITZ** – circa 40 bis 65 Kilometer

Die Müritz ist der größte Binnensee Deutschlands, der ausschließlich auf deutschem Terrain liegt. Die Tour führt vorbei an den Orten Rechlin, Ludorf, Röbel und Klink und vielen kleineren Dörfern.

Auf Wunsch kann man hier ab Röbel an Bord eines Fahrgastschiffes gehen und herrliche Ausblicke auf dem Weg zurück nach Waren genießen.

TAG 6 **RÜCKREISE ODER VERLÄNGERUNG**

Individuelle Rückreise oder Beginn Ihrer Verlängerung.

In den zahlreichen Yachthäfen gibts immer viel zu sehen.

Rückenwind Erlebnisreisen mit dem Rad

REISEDETAILS

Enthalten sind fünf Übernachtungen in einem Hotel, zum Beispiel in dem Hotel Maremüritz.
Für die Tour bekommen die Teilnehmer ausführliche Reiseunterlagen und Karten, auf Wunsch auch GPS-Tracks.
Angeboten werden bestens ausgestattete Miet-Fahrräder mit Versicherung, sofern gebucht. Sonst können auch eigene Räder genutzt werden.
Die Streckencharakteristik ist leicht bis mittelschwer.
Die Route verläuft zum Großteil auf Wirtschaftswegen sowie kleinen Straßen und Radwegen.
Detaillierte Informationen über die Müritz-Sternfahrt oder andere individuelle Touren erhalten Sie bei Rückenwind Reisen GmbH, ***www.rueckenwind.de***

Im Wandel

Vom erwachenden Frühling über den lebendigen Sommer bis hin zur farbenfrohen Herbstkulisse und der besinnlichen Zeit im Winter präsentiert sich die mecklenburgische Ostseeküste als Zusammenspiel von weitläufigen Stränden und faszinierenden Städten. Diese Region macht zu jeder Jahreszeit Lust auf Urlaub.

Frühlingsgenuss lädt an die deutsche Ostseeküste und ihre reizvollen Seebäder, wie hier in Kühlungsborn.

Foto: U.Hampel-Schulze

BUNTER FRÜHLING

IM OSTSEEBAD KÜHLUNGSBORN

Ein moderner Bootshafen, stilvolle Bäderarchitektur und eine einladende Flaniermeile mit freiem Blick auf das Meer: Kühlungsborn ist eines der größten Seebäder an Deutschlands Ostseeküste und zählt zu den beliebtesten Urlaubsdestinationen in Mecklenburg-Vorpommern. Der Frühling im Ostseebad ist geprägt von einem Farbenrausch für Erholungssuchende – herrlicher Sonnenschein, strahlend blauer Himmel, leuchtend gelber Raps, frühlingshaft grünen Bäumen, das blau-grün changierende Meer und ab und zu weiße Wolken am blauen Himmel.

Nach dem Bummeln oder Spaziergang empfiehlt sich dann eine Einkehr in eine der zahlreichen kulinarischen Adressen im Ostseebad. Kühlungsborn ist in der gastronomischen Landschaft hochklassig positioniert und lädt mit seinen weit über 100 Adressen dazu ein, die kulinarische Vielfalt und regionale Spezialitäten zu genießen.

www.kühlungsborn.de

SOMMER, SONNE, SALSA

IM OSTSEEBAD BOLTENHAGEN

Viereinhalb Kilometer weißer Sandstrand sind Boltenhagens Naturschatz, Treffpunkt für Generationen mit Eventbühne und Sandspielplatz.

Hier kommt so vieles zusammen, was das Ostseebad Boltenhagen zum Sehnsuchtsort macht: Strandkorbkuscheln und Abenteuerlust, Kinderferienidyll und coole Sommer-Vibes, Familientraditionen und neue Trendsportarten. Am Strand treffen sich Menschen zum Sandburgenwettbewerb, zur Challenge beim Beachvolleyball und zur heißen Salsa bei kühlen Cocktails. Wenn die sinkende Sonne das Meer in flüssiges Gold taucht, wenn Lichter auf dem Wasser und Menschen in der Ostseelounge tanzen, wenn die Natur zum Showdown ruft, dann naht die Stunde des Sundowners an der Cocktailbar, dem Logenplatz im Ostseebad Boltenhagen.

www.boltenhagen.de

Foto: KV.Ostseebad Boltenhagen

Sommer-Sehnsuchtsort Boltenhagen vereint Kilometer weißen Sandstrand mit Trendsport und coolen Vibes.

der Jahreszeiten

INDIAN SUMMER

IM OSTSEEBAD GRAAL-MÜRITZ

Gerade im Herbst färbt sich das Laub des Küstenwaldes wie im Indian Summer. Im Ostseeheilbad Graal-Müritz kann man als Familie schöne Tage verbringen. Das erholsame Bioklima ermöglicht es, am Strand, im Wald und entlang des Moores diese Jahreszeit besonders zu genießen und gleichzeitig etwas für seine Gesundheit zu tun.

Ausgedehnte Strandspaziergänge oder Fahrradtouren entlang der Dünen sind auch bei herbstlichen Temperaturen möglich. Unterwegs kann man an einem der vielen Spielplätze Halt machen oder die einzigartige Natur im 13 Hektar großen Kurwald und im herbstlich gefärbten Rhododendronpark erleben.

Als Indoor-Angebote empfehlen sich die Erkundung der Geschichte von Graal-Müritz im Heimatmuseum, das Ausleihen von Büchern und Filmen in der Bäderbibliothek, der Besuch der Naturschatzkammer, ein Ausflug zu den Bernsteinreitern oder der Besuch der regelmäßig stattfindenden Veranstaltungen im Haus des Gastes.

www.graal-mueritz.de

Foto: TuK GmbH, A.Pristaff

Die Herbstzeit an der mecklenburgischen Küste bietet sich besonders für ausgedehnte Spaziergänge an.

Die Weihnachts- und Adventszeit an der Ostseeküste verzaubert Gäste und Einheimische gleichermaßen.

WEIHNACHTLICHES

WELTERBE WISMAR

Die UNESCO-Altstadt Wismars erstrahlt vom 25. November 2024 bis 5. Januar 2025 im festlichen Glanz. Der Weihnachtsmarkt läutet jedes Jahr nach Totensonntag die besinnliche Zeit ein. In Wismar trifft der Weihnachtsmann auf der Poeler Kogge am Alten Hafen ein und eröffnet wenig später feierlich den Markt. An den Weihnachtsmarktständen werden kunsthandwerkliche Schätze, schwedische Waren und mehr angeboten. Der Wismarer Sternenwald, der vom 25. November 2024 bis zum 5. Januar 2025 stattfindet, lockt am Alten Hafen mit heißem Glühwein und kulinarischen Köstlichkeiten.

Am dritten Adventswochenende findet in der St.-Georgen-Kirche der Kunstmarkt statt. Künstler präsentieren Holzkunst, Schmuck und Keramik. An diesem Wochenende kann man auch die Seemannsweihnacht mit ihren weihnachtlich geschmückten Schiffen erleben, welche zur letzten Ausfahrt der Saison einladen.

Wismar versprüht in der Adventszeit eine friedliche Atmosphäre, die Einheimische und Gäste gleichermaßen verzaubert. Verbringen Sie besinnliche Tage in dieser einzigartigen Kulisse!

www.wismar.de/weihnachten

Foto: TZ Wismar/C.Meyer

INFOS ZUR GESAMTEN REGION FINDEN SIE AUF **WWW.OSTSEEFERIEN.DE**

Ferien auf Usedom

Mit dem besonderen Licht, ihrem maritimen Flair und der ursprünglichen Natur übt Usedom magische Anziehungskraft aus. Die Ostseeinsel zählt zu den sonnenreichsten Orten in Deutschland.

Usedoms kilometerlanger Strand im Ostseebad Zinnowitz (Bild links) und an der Seebrücke Ahlbeck (oben).

Die einen lieben den 42 Kilometer langen Sandstrand und das lebendige Treiben in den Ostseebädern, die anderen genießen die unberührte Natur und die Idylle im verträumten Achterland. Schon vor 200 Jahren zog es hier die ersten Badegäste an die Ostseeküste, und noch heute erzählen prachtvolle Gründerzeit-Villen an den Promenaden der Kaiserbäder und des Ostseebades Zinnowitz von den Anfängen der Bäderkultur an der Ostsee. Usedom ist für unternehmungslustige und bewegungsfreudige Aktiv-

Fotos: UT/D.Bleyer,A.Dumke,KV Ostseebad Zinnowitz

Wälder und ruhige Abgeschiedenheit am Achterwasser.